# 经济系统的结构：中介系统及其影响研究

应思思　著

知识产权出版社
全国百佳图书出版单位

**图书在版编目（CIP）数据**

经济系统的结构：中介系统及其影响研究/应思思著 .
—北京：知识产权出版社，2016. 1
ISBN 978-7-5130-3704-4

Ⅰ . ①经⋯　Ⅱ . ①应⋯　Ⅲ . ①经济系统—研究　Ⅳ . ①F014. 9

中国版本图书馆 CIP 数据核字（2015）第 183826 号

**内容提要**

本书试图在系统思想的视角下描述和刻画经济网络，研究该网络在包括信息革命在内的通用目的技术革命之后可能发生的演进。最后尝试着在新建立的模型中探索中介系统影响产业组织变革的过程，这一探索涉及对报酬递增机制的重新审视和对合作博弈模型的发展。

**责任编辑：**唐学贵　　　　**执行编辑：**于晓菲　聂伟伟

**经济系统的结构：中介系统及其影响研究**
JINGJI XITONG DE JIEGOU：ZHONGJIE XITONG JIQI YINGXIANG YANJIU
应思思　著

| | | | |
|---|---|---|---|
| 出版发行：知识产权出版社 有限责任公司 | 网　　址：http：//www.ipph.cn |
| 电　　话：010-82004826 | 　　　　　http：//www.laichushu.com |
| 社　　址：北京市海淀区马甸南村 1 号 | 邮　　编：100088 |
| 责编电话：010-82000860 转 8363 | 责编邮箱：yuxiaofei@cnipr.com |
| 发行电话：010-82000860 转 8101/8029 | 发行传真：010-82000893/82003279 |
| 印　　刷：北京中献拓方科技发展有限公司 | 经　　销：各大网上书店、新华书店及相关专业书店 |
| 开　　本：720mm×960mm　1/16 | 印　　张：9.25 |
| 版　　次：2016 年 1 月第 1 版 | 印　　次：2016 年 1 月第 1 次印刷 |
| 字　　数：151 千字 | 定　　价：48.00 元 |

ISBN 978-7-5130-3704-4

# 前　言

信息革命之后，现代信息通信技术作为一种通用目的技术逐渐扩散至全球经济的各个部门。信息技术正在改变产品市场和商业组织，产业结构出现融合趋势，产业组织发生纵向去一体化变革、大型企业集团分解后形成企业网络。与此同时，经济活动和经济行为效率却越来越依赖于经济主体之间的各种经济关系网络。

本书将经济看作一个大系统，构成经济系统的经济元之间通过各种渠道网络实现物质、能量、信息资源的流通，这些渠道网络形成的有机整体被称为中介系统。论文通过构建内生中介系统的经济系统模型推导了中介系统的泛权场网模型表示，讨论了中介系统在模型中的演进；并在内生中介系统的三层次经济系统模型中初步探讨了中介系统演进通过报酬递增机制引发产业组织变革的过程。

根据经济系统分析的基本框架，本书给出了构建内生中介系统的经济系统模型的过程。首先对经济原型进行分类；接着对每一类进行宏观化处理，得到经济元表示；然后用经济元和它们之间的关系构造经济系统模型。原型经济系统的分类遵循 $(f, \theta, D)$ 相对性准则；由分类和宏观化处理得到的经济元较传统经济理论中的其他经济活动主体更适合新经济现象的分析；通过中介系统泛权场网表示的推导，文章构建了一个包括经济系统、广义资源系统和资源位映射三大元素的扩展经济系统模型。每当新的通用目的技术用于经济生产时，广义资源系统的资源集合、资源整合关系和系统资源结构会发生变革，并推动中介系统在规模和强度方面的演进。

主流产业组织理论存在只考虑单一经济系统层次和忽略中介系统这两方面的局限。为此本书构建了内生中介系统的三层次扩展经济系统模型。在新模型中，中介系统演进将改变经济系统中的主要报酬递增机制，最终引发产业组织变革；内生中介系统连通性的经济系统合作博弈可用于解释报酬递增机制如何引发产业组织变革。

本书改编自我的博士学位论文，选题来自我的导师昝廷全教授。自攻读硕士学位期间，昝老师就建议我们考虑以互联网或中介系统为主题撰写学位论文。从那时起，我开始关注以互联网为代表的"中介系统"，也开始对"中介系统"背后的经济连通性感兴趣。"沟通就是零距离"就是对这种连通性的描述。然而由于自身能力和精力的有限，书中对这个选题的讨论尚浅，也很多不够成熟的地方，有待于今后在实践观察和学习的基础上继续深入探索。

学位论文的写作于我而言是一个艰苦的探索过程，我感恩所有支持我的人，尽管我未必都能一一历数。首先要感谢我的恩师昝廷全教授。他既是我的硕士导师也是我的博士导师，更是学术道路上的领路人。我的硕博面试都由昝老师做考官，我们的硕博专业课程也大多由他讲授，我的学位论文选题也都在昝老师的指导和建议下选定，我的学术研究方向和兴趣均受到昝老师的巨大影响。至今仍然记得，硕士面试时，昝老师背对窗户，微笑着听我介绍自己的场景。其次我想感谢陪伴我一同走过博士学习时光的师姐罗雪、李玲飞、刘静忆，同窗莫桦、郑燕宁、侯琰霖、朱天博、袁淑芸、习艳群、何春雨、毛蕊和赵永刚，挚友赵海霞、王妍、韦杰，是你们的陪伴始终温暖我、支持我、激励我。当然，还必须感谢所有在博士期间曾经为我们授课的各位老师们。最后，我要向我的父亲应元亮和母亲王绍华深深鞠上一躬，是你们用世上最无私的爱默默地支持我。

# 目　录

# 0 导 论

## 0.1 中介系统研究背景：新经济

随着信息革命的不断推进，现代信息通信技术作为一种通用目的技术逐渐扩散至全球经济的各个部门。信息数字化、计算机、计算机网络等信息革命的成果对全球社会和经济产生了前所未有的变革性影响。这种影响早在学者们能够描述并解释它之前，已经深入人们的日常生活，成为现代社会不可分割的一部分。

随着经济学研究的深入，至 20 世纪末，经济学家和社会舆论大多认为信息革命发生以来，美国经济的确经历了非凡转型（Jorgenson et al, 2000），而信息技术目前仍在并将带来更大的经济影响。乔纳森在就任美国经济学协会主席时的演讲中甚至提出信息革命可能将引发经济学的重大改变。他在这个题为《信息技术和美国经济》的演讲结尾断言"信息技术正在改变产品市场和商业组织"（Jorgenson et al, 2000）。

大量经济学文献提供的结论应证了乔纳森的论断：产业结构出现融合趋势（植草益，2001；黄建富，2001；周振华，2002），产业组织发生纵向去一体化（Langlois，2003）和网络化（李晓华，2005）变革，纵向一体化企业分解后形成企业网络（郑方，2010）。

乔纳森甚至将信息革命后 20 世纪 90 年代美国经济的复苏同 20 世纪 70 年代的滞涨相比较，后者引起了以卢卡斯为代表的新古典经济学的复兴和宏观经济学的转变。基于这样的比较，他宣称："20 世纪 90 年代美国经济出乎意料地复苏，具有改变经济学前途的类似潜力。事实上，从大量的研究信息技术的经济学著作中，可以观察到这种征兆。我们是经济学研究新的议事日程的受益人，这些研究能够更新我们的思考，重塑我们的学科。"许多经济学家持有与他类似的乐观看法，并积极投身于完善经济学理论的研究工作中。

然而，经济学界关于新经济的研究远远没能赶上经济现实发展的脚步。进入 21 世纪后，美国次贷危机在短短几天内引发了肆虐全球的"金融海啸"，给世界经济带来了巨大的损失。一些经济学家认为，这场危机警告人们，对经济网络的结构和动力学的新的、基础的研究已经迫在眉睫（Schweitzer et al，2009）。

面对信息革命后全球经济组织变革带来的经济理论发展机遇和未知经济规律可能造成全球性经济危机的风险，越来越多的经济学家求助于系统思想，期望通过研究经济网络发现新经济的发展规律。

为了更明确地解释新经济现象，本书根据新经济中经济个体间联系日益广泛和紧密的特征，提出中介系统概念。研究试图通过广义资源流通渠道描述和刻画经济网络，集合所有可能影响经济系统发展和变革的因素。在此基础上，本书将在经济系统视角下描述、刻画广义经济网络（即中介系统），研究该网络在包括信息革命在内的通用目的技术革命之后可能发生的演进，并试图在具有层级结构的经济系统模型中利用这些结论，围绕"中介系统对产业组织变革的影响"这一主题进行初步探索。

更明确地说，本书的研究围绕中介系统展开，目的在于深入研究中介系统本身和它对经济系统的影响，以期从经济系统的视角重新审视经济现实和传统经济理论。书中将建立内生中介系统的经济系统模型，在模型中描述资源环境变化时中介系统的演进过程。在此基础上，本书最后将尝试在新建立的模型中探索中介系统影响产业组织变革的过程，这一探索涉及对报酬递增机制的重新审视和对合作博弈模型的发展。

## 0.2 中介系统研究述评

### 0.2.1 通用技术研究❶

在新增长理论的研究中，对于信息通信技术的研究文献很丰富。其中与本书观点最相近的是通用技术（General Purpose Technology）研究。这一个方向的研究者罗森伯格试图理解技术进步对经济增长作用的机制，将技术分为缓慢递增技术和激烈变迁技术（Rosenberg，1996）。布雷斯纳汉和特拉滕博格（Bresnahan et al，1996）用"通用技术"描述某些激烈的创新，并总结了通用技术产生的两类外部性。利普西、伯克和卡劳（Lipsey，Berker，Carlaw，1998）则进一步扩展了对通用技术的定义，指出信息通信技术、材料、能源传递系统（如蒸汽机）和交通工具（如铁路和车轮技术的演进）等就是这类技术。其后，克拉夫茨（Crafts2001，2003a，2003b）等从经济史的角度进行经验观察，总结了重要技术发明对经济影响的一般规律，并将信息通信技术对经济增长贡献的相关数据与其他通用技术的历史贡献进行了比较。

这一研究方向采用的通用技术观点使技术经济影响的研究进入了一类重要的具体技术的研究阶段。尽管如此，这一研究方向仍然受到研究数据获得的困难和生产率核算方法尚待改进等限制因素的制约。另外，通用技术研究专注于统计信息通信技术对经济增长数据的贡献率，而这只是技术对经济的多方面影响在统计数据上的一个投影。这种研究得出的结论能够为信息通信技术对经济有重要影响这一观点提供证据，却并不能从根本上解释信息通信技术影响经济发展的机制，更不能解释这种影响机制产生的底层原因。而对这些问题的探讨将引导我们更深入地了解经济系统本身的构造和运作机制，这就为本书的研究留下了极大的探索空间。

---

❶ 秦海,李红升,丁振寰. 信息通信技术与经济增长[M]. 北京:中国人民大学出版社,2006.

## 0.2.2 （广义）网络经济学研究

国际学术界以网络经济学为名的研究主要分为两大类：一是网络产业经济学研究；另一个就是这里所指的（广义）网络经济学研究。后者强调的是对与各种经济网络（大多数是虚拟网络）相关的经济学专题的研究。这一方向的研究与本书在研究路径上有很大的相似之处，所以其中已有的丰富的研究成果和数理模型对本研究很有帮助。

随着现实经济中广义经济网络的越来越重要，一些经济学家试图发展一种方法，既能强调经济网络复杂性，又能用于修正和扩展经济理论中已经建立的范式。施韦策（Schweitzer，2009）试图通过基于此的制度设计减少个体兴趣与全局效率间的矛盾，并寻找令经济网络更强健的办法来减少全球失败的风险。

戈伊尔（2007）在他的著作中对这一领域的部分工作做了详细的综述。这一支网络经济学运用的模型设计基于一个简单的思想，即社会上人际联系的模式会反映出人们作出的理性决策。他们发展了两个模型，以研究与广义网络相关的两大经济学问题：一是通过网络上的博弈模型来分析网络结构对于个体行为的效应；二是通过策略网络形成的模型来讨论策略网络的形成问题。

（广义）网络经济学的这些研究成功地发展了网络上的博弈模型和策略网络的形成模型这两个工具，有效地讨论了一般经济网络在经济学视角中的相关专题。虽然这些模型对于处理复杂的经济网络而言仍过于简单，但却为经济网络的研究提供了良好的微观研究基础。这个领域的研究结论和这两个网络经济模型对于本选题的研究而言，都有相当大的借鉴意义。

其他一些经济学领域也对信息革命的经济影响进行过相关的探讨，如技术经济学、信息经济学等，但它们的研究视角和它们关注的专题与本选题相去甚远。

## 0.2.3 系统经济学框架下的中介系统研究

在系统经济学框架中，中介系统（昝廷全，2002）指的是具有连通性的，能够为经济元间物质、能量和信息等广义资源的流动提供渠道的网络系统，如铁路网、电报网、互联网、无线通信网络和金融网络等。系统经济学资源位理论认为，中介系统是经济系统发展的支撑和平台，其发展对经济系统的现在和未来发展都有根本的影响。本书将集中讨论的信息革命过程就可以理解为是中介系统动态变化过程中发展相对快速的一个阶段。相对成熟的系统经济学资源位理论为基于中介系统视角的研究提供理论支撑。这个理论体系建立在广义资源空间和中介系统的基础上。

从中介系统（经济网络）发展的角度研究信息通信技术的经济影响是一个可行的研究路径，因为这实质上考察的是经济网络在信息革命作用下产生变化的过程。网络本身的一个主要特点，就是它们会因为通过局部的、小规模的建立和去除关联行动从而微妙且迅速地有所变换。这意味着中介系统本身会因为微小的局部变动而发生全局意义上巨大的甚至是本质的改变。信息革命的影响很可能被这一性质迅速放大。因此，讨论经济网络在相对简单的产业组织（产业经济系统）层面的变化是深入研究技术对经济产生影响的机制及其根源的第一步。

## 0.3　研究思路

在前面描述的经济全球化、经济网络日益重要的大背景下，本书与大多数研究经济网络的文献一样，将采用经济系统的视角展开研究。运用经济系统视角进行研究，意味着将经济社会看作一个大系统，即经济系统。昝廷全自 20世纪 80 年代开始发展和建立起来的系统经济学理论，为本书的经济系统研究视角提供了直接的理论基础。

既然经济是一个系统整体，则必然存在某种事物将构成经济系统的各个子系统和经济元以某种方式紧密联系在一起，并且该事物很可能就是揭示经济系统一切规律的"钥匙"。那么这种事物到底是什么？它有什么样的特征？它会对经济系统产生哪些具体影响？一些经济学家试图从研究物理的或虚拟的经济网络入手，寻找这一系列问题的答案。尽管他们当中的一部分人已经运用复杂网络的研究方法和相关结论得到了一些成果，但是却被经济网络本身的复杂性所纠缠。

本书从经济活动必须的资源传输渠道寻找突破，将经济系统中所有能够进行物质、能量和信息传播的渠道看作一个有机整体，称为中介系统。由于所有经济活动都必然包含经济元间至少一种元素的交流，因此通过研究中介系统能够以较少的工作量把握复杂的经济联系。也就是说，尽管本书主要内容都围绕着中介系统展开，深层目的却始终在于探索尚不为人所完全了解的新经济规律，而对中介系统的集中讨论实际上是将其作为达到这个深层研究目的的可能路径。

第1章概述了经济系统理论、资源位理论的相关研究成果，并就中介系统的概念进行简单介绍，就其形式和本质进行初步定性分析。

为了在研究中介系统的同时更深入而全面地探索新经济，本书首先根据复杂系统分析的一般框架构建一个基于中介系统的经济系统模型。了解新经济规律的终极目的要求这个经济系统模型具有广泛的一般性，而经济现实的复杂多变则使得构建一般经济系统模型的每一个简单而基础的步骤都充满困难。

第2章讨论经济系统的分类。对原型经济系统进行分类是经济系统建模的第一步。原型经济系统的分类具有复杂的相对性，笔者借鉴集合论中的集合分类方法得到通过确定原型经济系统上的等价关系或相容关系把握其分类的科学分类方法，运用这种方法进行的经济系统分类遵循 $(f, \theta, D)$ 相对性准则。$(f, \theta, D)$ 相对性准则意味着随着经济资源环境和经济系统本身的变化，经济系统模型的分类基础也将随之发生改变。这使得对经济系统模型的动态演进过程进行刻画成为可能。

第3章以经济元为讨论的主要对象。这一部分对应于经济系统建模的第二步，即将分类所得各类进行宏观化处理，确定经济元。经济系统模型中经济元的确定可通过黑箱化推导过程完成。由分类和宏观化处理得到的经济元较传统经济理论中的其他经济活动主体更适合新经济现象的分析，它是生产主体和客体的统一体。

第4章包括中介系统泛权场网表示的推导和中介系统动态演进过程的讨论。通过中介系统泛权场网表示的推导，构建了一个包括经济系统、广义资源系统和资源位映射三大元素的扩展经济系统模型。每当新的通用目的技术用于经济生产时，广义资源系统的资源集合、资源整合关系和系统资源结构会发生变革，并推动中介系统在规模和强度方面的演进。中介系统演进过程的描述和刻画将为探索经济系统动态演进规律提供重要线索。

本书后半部分则运用基于中介系统的一般经济系统模型的构建方法，具体研究中介系统对经济系统发展的影响。为了得到相对具体的研究结论，中介系统影响的研究聚焦于成果丰富的产业组织变革问题。

第5章在借鉴主流产业组织分析范式的基础上，构建了基于中介系统的三层次扩展经济系统模型。

第6章在新构建的模型中，具体讨论中介系统如何通过报酬递增机制影响产业组织变革。最后，通过评述合作博弈模型隐含的连通性假设，为报酬递增机制改变产业组织提供来自博弈分析的证据。

# 1 中介系统概述

中介系统的概念是在系统经济学的资源位理论基础上提出的。系统经济学是指利用现代系统科学的思想和方法，并吸取中国古典哲理的精华，如生克思想等，研究经济过程"资源→生产→分配→交换→消费→环境→资源"中的人与人、人与自然之间的关系（昝廷全，1992）。系统经济学的研究对象是经济系统（昝廷全，1996）。本章首先给出经济系统与资源位的定义，接着在此基础上介绍中介系统。

## 1.1 经济系统与资源位

### 1.1.1 经济系统

在系统经济学中，经济系统定义为由经济元和它们之间的经济关系共同构成的整体，通常把经济元的集合称为经济系统的硬部，把它们之间的经济关系称为软部（昝廷全，1996）。经济系统可以形式化地表示为

$$经济系统 = （\{经济元\}，\{经济元之间的经济关系\}） \qquad (1.1)$$

其中：经济元指具有特定功能的任何经济实体。根据分析的需要，经济元可以是参与资源配置的特定组织水平上的经济实体，如个人、家庭、企业、地区、国家甚至整个人类（昝廷全，1991a）。在不同的情况下，这里的经济元可以与古典经济学当中的消费者、企业、国家等行为实体相对应。所有经济元组成的集合称为硬部。经济元的一个重要特点是：当一个经济实体作为经济元去组

成一个经济系统时，人们把它当作一个"黑箱"来看待，不考虑它的内部结构，只考虑它的功能（昝廷全，1997）。

与经济学中对于经济人进行理性假设一样，系统经济分析中也可以根据需要对经济元的行为方式进行合理限定。理论上来说，经济元的行为方式可以是"随机主义"的，也可以是"笛卡儿主义"的，但通常是介于这两者之间。

采用"随机主义"行为方式的经济元称作"随机主义经济元"，其行为是完全随机的，不服从任何经济学意义上的理性假设。"随机主义"是经济元行为方式的两个极端之一，它所对应的具体行为决策完全根据随机概率进行。举个例子，假设一个随机主义的个人经济元是供求分析中的消费者，则该经济元在决定购买什么数量的哪些商品时，将在所有能够满足预算约束的商品数量组合中完全根据随机概率进行选择。

经济元行为方式的另一极端是"笛卡儿主义"。凡是采用"笛卡儿主义"行为方式的经济元都叫作"笛卡儿主义"经济元。这种经济元严格按照理性行为，随时调整自己的行为方式以期获得哪怕是高一点点的收益（昝廷全，1996）。很显然，"笛卡儿主义"经济元与传统经济学理论中的完全理性经济人在进行经济决策时采用同样的模式。如果设经济系统中所有经济元都是"笛卡儿主义"的，则通过设定经济系统的组织水平，可以得到传统经济理论中的各种经济主体：最大化效用的理性消费者、最大化利润的理性企业以及最大化收益的国家等。从这个意义上说，"笛卡儿主义经济元"是经济学理论中所有理性经济实体的一般化表示，因此在经济系统分析中可以通过假设经济元为"笛卡儿主义经济元"，引入传统经济理论对于经济主体决策的模型化描述。这样的假设能够使系统经济学聚集于经济元间关系的研究，更容易得出有意义的结论。

事实上，在一般经济过程中，经济元所采取的行为方式通常介于"随机主义"和"笛卡儿主义"之间。这也是传统经济学"经济人"假设普遍受到批判的原因。尽管如此，理性假设对于经济学理论的发展而言仍然有重要意义，其作用与其他数学模型中的理想化假设是类似的，本书后面将提到的合作博弈的可转让效用❶假设就是一个具体的例子。2005 年的诺贝尔经济学奖获得者奥曼（Aumann）在为《新帕尔格雷夫经济学辞典》撰写的"博弈论（Game Theory）"词条中，对合作博弈的可转让效用假设进行过评价，他认为"对于发展以后可用于更一般的非转移效用情况的思想，可转移效用理论是一个极好的实验室或模型"，并且提出"在非转移效用理论中的几乎每一个重要进展——以及许多较小的进展——都是由可转移效用理论中对应的进展为它铺好了路的"（Aumann，1987）。

随着 1978 年诺贝尔经济学奖获得者西蒙提出"有限理性"，经济学研究通过放松理性假设，在原有理论的基础上获得了更贴近现实经济的结论。这里的"有限理性"也是对经济人行为的假定，并且更加逼近现实经济的情况。"有限理性"行为方式就介于前面提到的"随机主义"和"笛卡儿主义"这两种极端行为方式之间，也能用于设定经济系统中经济元的行为方式。

一般地讲，为了更准确地描述一个经济系统，还应当指明它所处的环境。这里所指的环境包括经济系统的演化历史和来源，以及自然的、经济的、社会的和政治的环境等（昝廷全，1996）。在古典经济框架中，经济环境的描述由消费者效用函数、消费者预算约束和企业的生产函数以及博弈论中的博弈规则来完成。经济系统的环境约束为模型分析提供了一个相当于微分方程中"初值条件（包括初始条件和边界条件）"的分析起点。这意味着任何经济分析模型都不可能是万能的，而只能在各自假设的初值条件下尽可能地逼近特定情况下的经济现实。因此在应用某个已经被验证是合理的经济模型时，必须首先考察应用环境是否与该模型的初值条件相符合。只有在确认初值条件适用的前提下，应用模型所得出的结果才可能是有效的，相应给出的行为建议才可能是合理的。

## 1.1.2　系统经济学三大基本公理

系统经济学提出，经济系统运行满足以下三大基本公理（昝廷全，1997）：

---

❶　对应于英文中的 Transferable Utility，又译作"可转移效用"，在许多博弈论文献中简称为 TU。

**公理 1（世界最经济原理）：**

经济过程的广义代价趋于最小可能值。

**公理 2（社会福利原理）：**

社会经济活动应以提高全社会的社会福利水平为目标。具体内容包括创造尽可能多的社会财富，根据供求关系的多样性，按对社会系统的观控权大小对人群进行分类，制定合理的规范，将财富在不同类型的需求主体或利益集团之间进行分配，尽可能地提高社会福利水平。

**公理 3（可持续发展原理）：**

经济活动和经济过程要以不降低经济系统的可持续发展水平和不损害人类的生存环境为前提。

公理 1 是支配自然过程和社会过程❶的统一规律，强调自然现象与社会现象的密不可分与相互作用。其中，"广义代价"指的是经济过程中所"耗费"的广义资源。广义代价与新古典经济学供需分析中企业的成本概念是类似的，前者可以说是成本的广义解释。1991 年，诺贝尔经济学奖获得者科斯在阐述企业出现和存在的原因时提到减少交易费用，其中交易费用就属于广义资源的范畴。公理 1 实际上对应于传统经济理论供求分析中对消费者与企业决策模式的描述，即"消费者追求效用最大化"和"企业追求自身利润最大化"。消费者和企业的经济决策构成了古典经济学框架中第二层次局部均衡分析的重要部分，并共同决定局部均衡价格。不同的是，世界最经济原理从"效用"和"利润"的另一面——广义成本的角度进行相关描述。并且，该原理是针对所有经济过程提出的，对作为经济过程主体的经济元都具有约束力。因而公理 1 可以解释为是系统经济学对所有经济元行为模式提出的评价标准，即在系统经济学框架中，越能使广义代价趋近于最小可能值的经济元决策越合意。从这个意义上来说，世界最经济原理实际上已经将新古典经济学分析框架中关于局部均衡和全局均衡的第三、第四层次进行了合并讨论，进而包含了经济系统中关于资源配置规律的实证分析。

---

❶ 一般地讲，自然状态和社会状态在时间上的连续更替分别构成自然过程和社会过程。自然过程和社会过程的外在表现则分别对应于自然现象和社会现象，世界最经济原理是同时针对这两种现象而提出的（昝廷全，1991）。

公理 2 体现的是一种更有利于社会稳定与持续发展的财富分配方法。其中财富分配包含对于两大类社会关系的考察，即局部与整体的关系（简称局整关系）和因果关系。考虑局整关系约束，财富分配需要通过把总财富（整体变量）以合适的方式分配给不同的经济元（局部个体），以维系基于经济元间相互作用的经济系统的稳定性。而在依赖于时间的因果关系的制约下，合意的财富分配应当能够通过合适的分配方式激励经济元进行财富创造的积极性，进而维系经济系统的可持续发展。实际上，公理 2 对应于新古典经济学框架的顶层，即对经济结果的福利效果的讨论。

公理 3 是系统经济学为了应对人类社会所面临的可持续发展问题而提出的。为了在分析中内生可持续发展问题，系统经济学将古典经济学的"生产→分配→交换→消费"四环节经济过程，扩展为"资源→生产→分配→交换→消费→环境"（昝廷全，2000）这样一个闭合的六环节经济过程。其中，通过添加环境和资源两个环节内生了人类社会经济活动与自然世界的互动关系。系统经济学研究者在可持续发展原理的基础上，提出了经济系统的资源位理论，将经济学分析与可持续发展建立起联系。本书将要着重讨论的中介系统就是以资源位理论为基础提出的。

从资源的角度来讲，可持续发展涉及广义资源在人类与非人类经济元之间以及现在和将来之间的分配（昝廷全，1997）。事实上，系统经济学将广义资源和资源位引入其分析框架，就是为了内生人类、人类组织同自然竞分元❶之间围绕着广义资源产生的各种相互作用，并考察这种相互作用对于经济和环境可持续发展的影响。

资源在现在和将来的分配包括两方面内容：积累与消费的关系；资源在现代和后代（潜在经济元）之间的分配（昝廷全，1997）。前者由最优积累率描述，后者依赖于潜在资源位的描述。潜在经济元在资源位理论中有相对应的潜在资源位定义，这为分析资源在现代与后代间的分配问题提供了基本的概念。

---

❶ 竞分元指广义资源所对应的主体，可以是社会系统、经济元或者生态元。生态元是考察经济与环境关系的重要分析对象。

## 1.1.3 经济系统的泛权场网模型

根据式（1.1），可以给出经济系统 $E$ 的形式化数学定义：

$$E = (H, S) \tag{1.2}$$

其中：$H$ 代表式（1.1）中的经济元集合，是经济系统的硬部；$S$ 则表示式（1.1）中经济元间所有关系与作用的集合，是经济系统的软部。软部又可以称为泛结构，具体包括经济元之间的关系、关系的关系、动态关系、含参量的关系，以及关系的高级迭代和多次复合等。可见，泛结构是传统经济结构的推广，不仅可以描述硬部中各经济元之间的比例关系、竞争合作关系等结构，还可以在此基础上刻画经济过程的性质、条件与规律（昝廷全，1991b）。

具体地，软部 $S$ 可以根据研究需要取 $H$ 上的各类关系。设硬部为 $H = \{H_i \mid i = 1, 2, \cdots, n\}$，可以用下面的 $f$ 表示所有 $H_i$ 之间的关系：

$$f \subset \prod H_i = H_1 \times H_2 \times \cdots \times H_n, \ i = 1, 2, \cdots, n \tag{1.3}$$

其中：$\prod H_i = H_1 \times H_2 \times \cdots \times H_n$ 表示所有的直积，其元素是一个 n 元组（$h_1$, $h_2$, $\cdots$, $h_n$）。$H$ 上的任意一种表示全体经济元之间关系的 $f$ 都由一定数量的这种 n 元组组成。因此，式（1.3）中 $f$ 就可以用于代表 $H$ 上所有形如 $f$ 的关系的集合。

若设 $H_i = H$，则 $\prod H_i = H \times H \times \cdots \times H = H^n$，$f$ 就转化为 $H$ 上的 n 元关系：

$$f \subset H^n \tag{1.4}$$

当 n = 2 时，称

$$f \subset H^2 \tag{1.5}$$

为 $H$ 上的二元关系。经济系统的硬部 $H$ 引入某种二元关系后就叫作网。

如果将网络中的元素与一个广义权重集中的广义权重相对应，这个过程就称作对网络赋予广义权重。数学模型中，通常用数来刻画权重，表征对象在某种度量标准下的程度，如重要性、等级高低和分类等。实际上，一般意义上的权重可以扩展为广义权重，即取任意集合来刻画的权重。广义权重值又称为泛权（昝廷全，1991b），而对网络赋予泛权就得到了泛权网络。通常用 $W$ 来表示泛权空间，即由所有可用的广义权重张成的空间。

泛权网模型可以用于表示由经济元集合和经济元之间的二元关系集合构成的经济系统，模型的构建可以通过对经济元集合（即硬部）引入二元关系并对所有关系赋予权重来完成。一个经济系统的泛权网模型可以形式化地表示如下：

令经济元集合为 $H = \{H_i \mid i = 1, 2, \cdots, n\}$，引入 $H$ 上的赋泛权二元关系 $f^2$：

$$f^2 \subset H^2 \times W \tag{1.6}$$

则

$$E^2 = (H, f^2) \tag{1.7}$$

就称为经济系统的泛权网模型。

借鉴物理学中"场"的概念，昝廷全定义了泛权场和经济泛权场。场作为物理学概念，指的是某一物理量在空间的分布。物理学中，通常用映射关系来刻画场。这种刻画可以用图 1.1 来示意。

$$空间点（场基）\xrightarrow{\ \ 对应\ \ } 物理量（矢量、标量）$$

**图 1.1　场**

（来源：昝廷全. 经济系统的泛权场网模型与运筹方法［J］. 系统工程，1991b, 9（5）：21.）

"泛系方法将这个观点推广到广义系统就得到了泛权场的概念。以经济系统的硬部为场基而定义映射或函数，就称为泛系意义下的经济场。若其映射或函数是赋泛权的，就称为经济泛权场。"❶

一个一般的经济泛权场模型表示如下：

令经济元集合为 $H = \{H_i \mid i = 1, 2, \cdots, n\}$，用 $f^1$ 对 $H$ 赋予泛权，则

$$f^1 \subset H \times W \tag{1.8}$$

$f^1$ 就是函数值为泛权值的泛权场，而

$$E^1 = (H, f^1) \tag{1.9}$$

就称为经济的泛权场模型。

昝廷全将泛权场、泛权网络统称为泛权场网，并指出，可以用它们来描述典型的经济系统的泛结构，即"联系"。在式（1.2）代表的经济系统中，可

---

❶ 昝廷全. 经济系统的泛权场网模型与运筹方法［J］. 系统工程，1991b, 9（5）：20-24.

以具体地用泛权场网来刻画经济系统的泛结构（软部）$S$，并得到经济系统的泛权场网模型。

令 $E = (H, S)$ 是一个经济系统，其中硬部 $H$ 代表经济元集合，软部 $S$ 的一般形式可以表示为

$$S \in 2^{(H^a \times W)} \tag{1.10}$$

其中：$2^{(H^a \times W)}$ 表示直积 $(H^a \times W)$ 的幂集，即由 $(H^a \times W)$ 的所有子集构成的集合。式（1.10）说明 $S$ 是 $(H^a \times W)$ 的任何一个子集。其中 $a \in \{n, [n], *\}$，满足

$$H^n = H \cup H^2 \cup \cdots \cup H^n \tag{1.11}$$

$$H^* = H \cup H^2 \cup \cdots \tag{1.12}$$

而 $W$ 为泛权空间。

令 $f \subset H^i \times W$，则下式成立：

$$f = f^1 \cup f^2 \cup \cdots \subset H^* \times W \tag{1.13}$$

令 $S = f$，经济系统 $E = (H, S) = (H, f)$，且 $f$ 为其泛权场网。

根据需要，可以取 $S = f^i$，经济系统 $E$ 相应地约化为 $E^i = (H, f^i)$。其中，当 $i = 1$ 时，$E^1 = (H, f^1)$，其中 $f^1 \subset H \times W$ 是一元泛权关系，等价于

$$f^1 = H \to W \tag{1.14}$$

而 $f^1$ 就是经济系统 $E$ 的泛权场。

当 $i = 2$ 时，$E^2 = (H, f^2)$，$f^2 \subset H^2 \times W$ 是二元泛权关系，即经济系统 $E$ 的泛权网络。

以上介绍的经济系统的泛权场网模型可以通过泛权场网的约化方便地用于刻画经济系统中的各类关系，昝廷全提出了一种泛权网的约化方法（昝廷全，1991）。

设 $E = (H, f^2)$，$f^2 \subset H^2 \times W$。令 $A = H^2$，则相应地可定义 $f \subset A \times W$；再令 $D \subset W$，则

$$f \circ D \subset A = H^2 \tag{1.15}$$

称为泛权控制在 $D$ 水平的泛权子网，其中 $D$ 称为泛权水平，符号"$\circ$"表示复合。这一过程中，$f^2 \subset H^2 \times W$ 可以视作一种三元关系❶，而 $f \circ D \subset H^2$ 被约化

---

❶　尽管 $f^2 \subset H^2 \times W$ 是 $H$ 上被赋予泛权的二元关系（$H$ 中两个元素间的关系），但若将泛权值也看作一元，则它也可被视作是一个三元关系。

为二元关系。因此，上面由式（1.6）转换为式（1.15）的过程就是泛权网络的一种约化方法。

一般来说，把泛权控制在一定范围内可使泛权网络约化为通常的网络，相应的泛权关系变成通常的关系；把多元关系的某些因子控制在一定范围内可以使多元关系约化为低维的多元关系（昝廷全，1991）。

## 1.1.4 资源位理论

正如前面讨论系统经济学公理 3 时提到的，系统经济学发展了一套资源位理论，以详细讨论经济学与可持续发展间的关系。为此，经济系统发展了传统经济学中的四环节经济过程，提出"资源→生产→分配→交换→消费→环境"这个六环节闭路循环。

### 1.1.4.1 资源位定义

资源位的概念与昝廷全和朱立新提出的自然资源的竞分三故原理密切相关。昝廷全和朱立新把自然资源的开发利用划分为三大范畴或三大故：资源、竞分者和竞争规范。

此处资源指广义资源，是自然资源概念的引申与推广，包括自然资源、人力资源、信息资源、科技资源、时间（机会）与空间资源等。广义资源概念是正确理解资源整合机理的基础。从形态上划分，广义资源可以划分为硬资源、软资源两部分，即广义资源可以形式化表示为

$$广义资源＝（\{硬资源，软资源\}，\{软、硬资源之间的关系\}）\qquad(1.16)$$

为了论述的方便，通常把由多种广义资源因子所撑起的高维空间称为广义资源空间。在经济学研究中，一般取广义资源空间为 $n$ 维笛卡儿空间 $\mathbb{R}^n$。

资源是相对于主体而言的，把广义资源所对应的主体称为竞分元。根据竞分元这一定义，在不同的情况下，它可以是指参与广义资源竞争分享或配置的经济元或社会元，也可以是植物群落和生态系统等生态元。昝廷全（1990）首次提出"竞分元资源位"的概念。由于竞分元可以划分为经济元、社会元和生态元，因此竞分元资源位可以自然地具体化为经济系统的资源位、社会系统的资源位和生态系统的资源位。给出经济系统资源位的一个一般性定义：在广

义资源空间中，能够被某经济系统实际和潜在占据、利用或适应的部分，称为该经济系统的资源位。

设 $G = \{g_i \mid i = 1, 2, \cdots, m\}$ 为不同经济系统 $g_i$ 的集合，$R^n = \prod R_j$（$j = 1, 2, \cdots, n$；$n$ 为资源种数）为广义资源空间，即由广义资源因子所撑起的高维空间，经济系统与广义资源的联系为 $f \subset G \times R$，则对于经济系统 $g_i \in G$ 来讲，$f°g_i$ 即为经济系统 $g_i$ 的资源位数学模型。

根据定义，资源位所对应的主体就是经济系统。根据系统经济学的研究成果（昝廷全，1995），经济系统具有层次性，按照组织水平的不同，可以把经济系统划分为个人（最基本的经济元）、家庭经济系统、企业经济系统、区域经济系统、国家经济系统和全球经济系统等。于是，可自然得出资源位的层级结构：个人资源位、家庭资源位、企业资源位、区域资源位、国家资源位和全球资源位，甚至还可得出支撑人类在地球上长期可居住的全球生态资源位等。

### 1.1.4.2 硬资源与软资源

所谓硬资源是指在一定的技术、经济和社会条件下能够被人类用来维持生态平衡、从事生产和社会活动并能形成产品和服务的有形物质，包括那些不需要加工就可被人类直接利用的客观物质，如空气等。显然，各种自然资源和能源都属于硬资源的范畴。软资源是指以人类的智能为基础的资源，如科技资源、信息资源、知识资源等。软资源对硬资源的开发利用和资源整合都具有重要的决定性作用，这个作用的结果又反馈于整个广义资源系统。

硬资源具有两个显著的特点：一是它存在的边界是确定的，而且往往是静态的；二是硬资源的利用具有排他性。正是由于硬资源的第一个性质，我们可以用拓扑空间中的闭集来表示硬资源。

技术和知识资本是一种典型的软资源，人力资本是硬资源和软资源的复合体。与硬资源相比，软资源有两个显著特点：一是软资源的边界往往不易确定，其边界的存在是动态的；二是软资源的利用不具有排他性，有时甚至具有利他性，即软资源的价值随着使用者的增加而增加，一个代表性的例子就是网络的价值与用户的平方成正比。综合这两点就导致软资源不满足"边际效用递减定律"。其根本原因在于软资源不满足可列可加性，无法采用传统的数学方法进行定量描述。因此，也就无法按照传统的方法建立包括软资源在内的经济学均衡模型。为此，必须探索新的研究方法和分析工具。

### 1.1.4.3 系统资源

系统资源是软资源的一种。上面已经提到，广义资源从形态上划分可以分为硬资源和软资源两类。更进一步地，可以把软资源分为两种类型。

第一种软资源的存在和作用必须和某一具体的或固定的硬资源相复合，这种软资源就相当于拓扑空间中闭集的邻域。例如，计算机是一种典型的硬资源，其边界是确定的和静态的。计算机的操作系统是一种典型的软资源，而且这种软资源只有和计算机复合在一起时才能发挥作用。根据前面的论述，可以把计算机看作是拓扑空间中的闭集，而操作系统就相当于这个闭集的邻域。当然，计算机作为一种硬资源，它的作用需要操作系统这种软资源来"启动"。

第二种软资源就是所谓的"系统资源"。简单地讲，系统资源是由广义资源空间中的不同资源点通过相互作用所形成的资源，随着不同资源点之间相互作用的途径、中介和强度等的不同而不同。由于系统资源是通过经济元间的相互作用形成的，自然地与连通性相关。正是系统资源的连通性特质，使得系统资源在资源整合过程中起了决定性作用。这样的决定性作用广泛地体现在资源整合的所有过程中。资源位定律作为描述资源整合过程的定律，都将资源点间存在连通性作为实现资源整合的前提条件。

### 1.1.4.4 资源整合类型

从某种意义上讲，整个新古典经济学的核心内容就是研究资源的优化配置和合理利用问题。不论是资源的优化配置，还是资源的合理利用，都与资源整合有着密切的关系。如果把经济学中的"资源"概念扩展为系统经济学的"广义资源"概念，则可以说资源的优化配置就是资源整合问题。

可以把资源整合分为三种类型：一是硬资源和硬资源的整合；二是硬资源和软资源的整合；三是软资源和软资源的整合。

第一，硬资源和硬资源的整合需要软资源作中介。设 $A$、$B$ 表示两种不同硬资源的两个闭集，这两种硬资源要进行整合，就要求与闭集 $A$ 相复合的软资源（记为闭集 $A$ 的 $\varepsilon$ ($A$) 邻域）和与闭集 $B$ 相复合的软资源（记为闭集 $B$ 的 $\varepsilon$ ($B$) 邻域）的交集非空，即

$$\varepsilon(A) \cap \varepsilon(B) \neq \varnothing \qquad (1.17)$$

式（1.17）就是硬资源与硬资源整合的必要条件。为了便于理解，可以把式（1.17）所表达的含义用图 1.2 直观地示意出来。也就是说，硬资源与硬资源整合需要软资源作为中介，而且与不同的硬资源相复合的软资源的交集不能为空集。比方说，两台计算机要进行资源整合，就要求它们所使用的操作系统能够兼容，这就相当于与它们复合的软资源的交集至少非空。

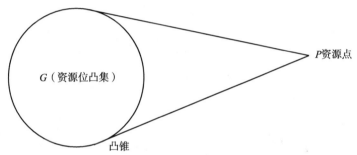

**图 1.2  硬资源与硬资源整合的必要条件：$\varepsilon(A) \cap \varepsilon(B) \neq \varnothing$**

（来源：昝廷全. 资源位定律及其应用 [J]. 中国工业经济，2005 (11)：76.）

第二，硬资源和软资源的整合。包括两种情况：一是硬资源和第一种软资源的整合。根据第一种软资源的定义，第一种软资源必须和某一具体或固定的硬资源相复合才能存在和发挥作用。也就是说，第一种软资源必须作为硬资源的邻域形式而存在。这时，第一种软资源和硬资源形成一个密不可分的"复合体"。这种复合体的典型代表就是人力资源。二是硬资源和第二种软资源即系统资源的整合。系统资源可以和经济系统的任何硬资源相复合，这个性质是系统资源的主要特征之一。

第三，软资源和软资源的整合。由于软资源的特点就是其边界的动态性，不同软资源之间存在交集的概率较高，因此，软资源和软资源之间的整合相对容易。

### 1.1.4.5 资源位定律

在详细介绍了资源整合机理之后，现在给出描述资源整合规律的资源位定律。

资源位第一定律：经济系统为了进行资源整合必须把它的资源位结构打造成凹集，资源位集为 $G$ 的经济系统所能整合的最少外部资源的强度等于经济系统资源位集合闭包的测度减去该经济系统资源位集合的测度（资源位第一定律描述的是，经济系统仅仅依靠自身的资源位拓扑结构最少所能整合的外部资源的多少）。

资源位第二定律：在经济系统资源位集合的拓扑结构已呈凸集的情况下，可以通过引进资源位集合外部的某一"资源点"的途径来整合外部资源；该资源点和经济系统自身的资源位凸集构成一个凸锥，此时经济系统整合的外部资源的强度等于该凸锥的测度减去经济系统自身资源位凸集的测度。

资源整合拓扑学定律（资源位第三定律）：不同资源点之间存在拓扑连通性是资源整合的必要条件（昝廷全，2008）。

前两条资源位定律描述了经济系统在自身资源位集合结构处于不同状态时所能进行的两种资源整合途径，并给出了通过这两种途径所能整合的资源强度的测量办法。这两条资源位定律都隐含了对于资源位集合中系统资源状态的假设。资源位第三定律则在此基础上将特定系统资源状态（即不同资源点之间存在拓扑连通性）作为资源整合的必要条件。

# 1.2　中介系统：定义与刻画

前面已经系统地介绍了系统经济学中的经济系统概念、三大基本原理和资源位理论，为中介系统的定义和讨论准备好了理论框架。本节将聚焦于经济系统中的中介系统，讨论与中介系统相关的概念和理论。

在科学研究过程中，研究者的研究取向和视角决定了其研究的宏观广度和深度。不同的研究者，具有不同的学科背景、知识结构和个性化的研究兴趣，这些差异共同影响着研究者的视角。同样是研究企业间联系，经济学家会倾向于用博弈论模型分析两个企业之间竞争与合作的可能性，并预测他们在竞争或合作的过程中所能获得的最大效用和为了保证最大效用所应该采用的策略。而社会学家研究企业则可能着眼于企业之间的非经济联系对企业经济活动的影响，比如在企业家拥有足以相互信任的私人社会联系的情况下，两家企业在经济活动中是否具有更大的合作可能性。简单地说，即使研究相同的经济问题，经济学家和社会学家在各自学科背景的影响下会采用截然不同的视角。前者更倾向于关注问题背后的经济规律，而后者的取向则会令他们的研究聚焦于社会因素对该问题的影响。知识结构和研究兴趣的差异也会给拥有同样学科背景的两个学者带来不同的研究取向。同样是对经济均衡的研究，新古典经济学家着眼于生产的边际分析，以杨小凯为代表的新兴古典经济学家则进行内生分工的超边际分析。

因此明确取向是对具体研究项目的一个宏观把握，能够保证研究者在既定的学科背景、知识结构和研究兴趣等条件的约束下完成绩效最优的工作。这等同于研究者在工作开始前做的一个超边际决策，即从所有可行的研究路径中选择最适合自己的取向，然后在选定的研究路径下尽可能地对学术问题进行探索和讨论。

本书的研究目的在于探索中介系统和中介系统对产业组织的影响。文章试图通过建立产业组织分析的系统经济学框架，进而显化经济运行中的物质、信息、能量的流通部门，即中介系统，并探索中介系统对产业组织的影响。这样的研究取向决定了文章从头到尾都将围绕中介系统展开。为此，对中介系统进行概要介绍是必要的。下面将简单介绍中介系统的定义、分类以及它的连通性本质。

## 1.2.1　中介系统介绍和定义

信息革命以来，全球经济越来越趋于一体化，各种经济活动越来越依赖于经济实体之间的经济联系。"美国一感冒，全世界都会打喷嚏"就形象地描绘了这种经济全球化的态势。直接导致这种局面的，无疑是信息技术和信息化在经济系统中共同编织的一张全新的世界经济信息网，或者叫作全球经济信息系统。这个信息系统的存在，使得各种经济信息得以在全球范围内迅速传播，并实实在在地影响各种经济活动。传媒就是这个信息系统中的重要组成部分。

昝廷全在对传媒经济学进行研究时，曾经提出系统经济学是研究传媒经济学的合适工具（昝廷全，2006）。"对传媒经济的研究是一个典型的系统资源的问题，没有渠道信息是无法传递的。""渠道就是关系，关系就是系统资源，所以没有系统资源就无法对传媒经济进行研究。"从这个角度，他认为传统经济学忽略信息传播和渠道，并且以边际收益递减为基础，因而不应被原封不动地平移到传媒经济学中。

他把媒介看作系统经济学中的系统资源的一种典型表现形式，并认为媒介提供的信息渠道可以看作一种关系，进而运用善于分析关系的系统经济学来研究媒介。基于这样的认识，他提出经济学应当将环境与中介纳入研究对象，而媒介充当的中介在经济系统中是一个构造性元素。从媒介在经济学中的中介角色引申开去，昝廷全提出了广义媒介（传媒）的概念，认为货币、交通、通信和商业流通都是广义的传媒。

在同一篇文章中，昝廷全还介绍了与媒介和广义媒介相关的系统经济学观点（昝廷全，2006）。"经济系统指由一组元素通过他们之间的关系构成一个有机整体，关系就类似于传播学中的'渠道'。""系统经济学可以用来研究网络包括因果关系网络、网络的连通与解耦问题等。实际上，每一个信息渠道就是一条因果链，链是动态的。链的环境也是动态的，链的分解取决于环境和时间，而动态环境是不可控的。""从系统经济学的角度来看，每一种渠道就是一种关系，不同渠道的连接就是一种关系的复合或者关系的 $N$ 次幂。"这些思想都为我们在经济系统框架中定义和研究中介系统提供了宝贵的思路。

通过对广义传媒概念进行合理扩展和延拓，本书给出中介系统的定义。

在经济系统中，经济元之间物质、能量、信息资源的流通都通过相应的传递物质、能量、信息的渠道网络实现。这些渠道网络形成的有机整体称作中介系统。

中介系统在现实中的形式包括电话网、无线通信网、互联网、交通运输网、电网以及金融网等渠道网络。所有这些渠道都有一个共同点，即能够在某种意义上连接网络中的任意两个经济个体。电话网通过固定电话为人们提供语音传送服务，在声音交流的意义上，它将电话线两端的用户连接在一起；由公路、铁路、飞机航线和轮船航线等共同组成的交通运输网能够实现货物在城市间的运输，在物品转移的意义上，连接运输网中的任意两个地区；金融网络中的两个账户，在货币流通的意义上是被连在一起的。因此可以粗略地说，中介系统的本质在于实现资源连通。

在广义资源空间中，如果两个资源点 $r(H_i)$ 和 $r(H_{i'})$（ $i$，$i'$ = 1，2，…，$n$ ）之间存在物质、能量和信息的交换，就称这两个资源点 $r(H_i)$ 和 $r(H_{i'})$ 是连通的，并且称这两个资源点分别对应的经济元 $H_i$ 和 $H_j$ 在中介系统中连通。其中，资源点间的连通是在广义资源空间 $R^n = \prod R_j$（ $j$ = 1，2，…，$n$ ）中定义的，而经济元间的连通作为经济元之间的一种关系在经济元集合 $H$ 上定义，资源点连通与经济元连通关系可以通过资源点与经济元之间的对应来描述。由定义可知，无论是资源点的连通还是经济元的连通，都是二元关系。如果在抽象图示中用点来代表单个经济个体，则连通这种二元关系可以用两点之间的连线来表示。在一个拥有多个经济个体的经济的抽象图示中，我们会发现，所有表示连通的连线将构成网络（图 1.3）。

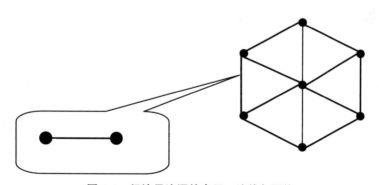

**图 1.3 经济元连通的表示：连线与网络**

在数学中，常用"图"来刻画这种关系。在一个刻画经济 $G$ 的图中，代表经济个体的点称作结点，记作 $V$，所有结点的集合用 $V$（$G$）表示；表示连通关系的连线称作边，记为 $C$，由所有边构成的集合用 $C$（$G$）表示；图论中还引入一个函数 $\varphi G$ 将每一条边与相应的两个节点相联系，是从边集合 $C$（$G$）

到结点二元组集合 $V^2$（$G$）上的函数（左孝凌 等，2006）。

专门研究"图"的性质和规律的数学分支叫作图论。事实上，图 1.3 所显示的结构就是常说的网络。之前提到的交通运输网、互联网等都可抽象地用图来直观地表示，并用图论的相关结论进行分析。

## 1.2.2　将中介系统引入经济分析的原因

上面的讨论给出了中介系统的定义和数学刻画。然而作为本书研究取向的介绍，这还远远不够。接下来讨论的主题是为什么在一个经济学问题的研究中采用中介系统视角。

前面已经提到，中介系统作为各种连通渠道构成的有机整体与经济活动有直接而紧密的联系。这种联系不仅存在于当下的经济系统，还存在于经济发展的每一个历史阶段。

在世界经济发展史上，有过许多经济快速发展的时期，如著名的两次工业革命时期和我们现在正在经历的信息革命时期。其中，大部分历史时期都发生于某些新技术发明并被广泛应用之后。许多经济史学家认为新技术是经济快速发展的重要推动因素。事实上，这些新技术的应用和普及的过程都可以看作中介系统飞速发展的过程。以蒸汽机车和铁路在美国的发展为例，在铁路出现之前，由马车和马车通行的土路实现的陆路运输网络与运河网络一同构成了当时美国国内的运输中介系统。1829 年"雨山竞赛"❶ 后，铁路迅速发展，从发展之初就开始补充美国国内的运输中介系统❷。1845 年邮局改用铁路代替原来的驿站马车来运输邮件，中介系统开始升级。铁路在电报的辅助下迅速从东海岸扩展到密西西比河流域，最终于 19 世纪 80 年代和 90 年代建设完成，并得到邮政管理部门的充分利用。铁路最终成为美国运输中介系统的有机组成部分，同时美国的运输中介系统也在铁路发展的过程中得到了补充和升级。类似

---

❶ 1829 年,利物浦和曼彻斯特铁路公司(Liverpool & Manchester Railroad,主要负责为曼彻斯特的工厂运进棉花,并为其运出棉纺织品)在英国发起一场公开竞赛,也就是著名的雨山竞赛(Rainhill trials)。这次竞赛证明,乔治·斯蒂芬森(George Stepheson)建造的"火箭"号机车(Rocket)在速度、可载乘客数量和可载货物上都远远优于马车(钱德勒 等,2008)。

❷ 美国第一批铁路是在 19 世纪 30 年代修建的,这些铁路都是短途线路,主要用于连接邻近的商业中心或作为已有水路运输的补充(钱德勒 等,2008)。

的中介系统发展过程在电报、电话等新技术的商用和普及的历史时期中也出现过。目前经济社会正在经历的信息技术革命，也可以看作中介系统变革式发展的过程。钱德勒和科塔达编著的《信息改变了美国》一书就记录了美国信息基础设施自 19 世纪晚期到 20 世纪的发展历程，其中提及的信息基础设施就是我们所定义的信息中介系统。书中描述了信息中介系统的几次变革式发展和这些变革给美国经济社会所带来的种种影响。

从历史的角度来看，全球经济发展的历史与中介系统发展变革的历史是紧密联系着的。尤其在全球经济通过中介系统异常紧密联系在一起的今天，中介系统更是广泛地影响着全球经济的发展。因此，经济研究不应该绕开中介系统进行。中介是经济的构造元素，是经济分析中不可不考虑的因素。

## 1.2.3 经济学忽略中介系统

尽管如此，经济学理论还没有对中介系统与经济发展的关系进行过系统的研究。甚至在大多数经济模型和经济理论中，都很难找到对中介系统的论述，但这并不意味着中介系统不重要。正如前面提到的，有大量经济史的证据已经证明，中介系统在人类经济发展的每一个历史阶段中都充当着重要角色。

事实上，在现实生活中，不论是企业销售产品还是消费者购买产品，都需要通过交通运输、金融网络、信息通信网等共同构成的中介系统来完成。但是新古典经济学在研究资源配置问题时却并没有考虑信息中介系统。

昝廷全讨论了西方主流经济学不考虑传播和媒介的原因❶（昝廷全，2006），他的解释是：“因为它采用的是牛顿时空观。”“根据牛顿时空观，不同经济元 $E_i$ 之间的相互作用是瞬间完成的，它们之间相互作用的传播速度是无穷大的，因此也就不需要考虑不同元素之间相互作用的渠道。”这一说法从经济学研究背景的角度为我们提供了重要的线索，不仅解释了新古典经济学没有提及中介系统和其他类似概念的原因，还进一步揭示了新古典经济学家研究的深层科学背景。这意味着，如果要在经济学框架中显化中介系统，并研究中

---

❶ 昝廷全，讨论时提到的“传播和媒介”与本书定义的中介系统是相通的。因此，他的论述也可视作对主流经济学不考虑中介系统原因的一种解释。

介系统与经济系统分工合作问题的联系，首先需要在研究中转换时空观，借鉴被广为接受的和新近发展的科学思想。

## 1.2.4 中介系统和系统资源共同的本质：连通性

前面对中介系统的介绍和讨论已经明确提出中介系统的本质，即为经济元对应的资源点之间提供连通渠道。本节首先讨论中介系统与广义资源空间中十分重要的系统资源之间的联系，接着讨论中介系统的连通性本质。

事实上，中介系统与资源位理论中的系统资源都以连通性为其本质，这说明中介系统与系统资源之间必然存在某种从属或者等价关系。回顾并比较两者定义：中介系统是经济元之间物质、能量和信息交换渠道构成的有机整体；系统资源是软资源中由经济系统不同经济元通过相互作用所形成的资源。如果将经济元之间的交流渠道看作由经济元之间相互交流形成的资源，那么中介系统就是由一些系统资源构成的有机整体。从这个意义上来说，中介系统是系统资源在经济元集合上的另一种具体形式。中介系统的本质对应于经济元之间的连通，而系统资源的本质对应于广义资源空间上特定资源点之间的连通。因此，从某种意义上来说，中介系统和系统资源是相同本质在不同空间中的具体表现形式，在特定情况下，可以认为两者可以通用。

明确中介系统与系统资源之间的同质异形的关系之后，将聚焦于他们共同的本质：连通性。首先简单给出连通性的一般定义，接着讨论连通性的分类。

如果两点之间存在交流、沟通的渠道，这两点间就具有连通性。这里的渠道，指的是两点间传播物质、能量、信息的中介系统。从某种意义上来说，渠道就是系统资源。

正如前面提到过的，两点间的渠道联系可以理解为数学意义上的二元关系，而经济系统中诸多二元关系通过复合迭代必然形成关系网络，因而连通性具有网络结构。

在经济学研究中，一旦提到网络，人们自然就会想到外部性问题。新增长理论对于软资源的外部性有过考察，认为知识、技术等在经济发展过程中表现出明显的外部性，这是由知识、技术的非竞争性和部分排他性决定的。Romer（1986）提出，知识不同于普通商品之处在于知识具有溢出效应，正是由于这种溢出效应的存在，资本的边际生产率才不会因固定生产要素（劳动）的存在而无限降低。据此他认为，虽然知识、技术产出的外部性无法在公司等规模较小的经济主体内部得到合理的内部积累，却能够在由各个经济主体共同构成的国家经济增长过程中实现积累，并最终成为经济持续增长的内生推动力。正如新增长理论所提出的，与知识、技术同样具有外部性的连通性，也有溢出效应。连通性开始产生溢出效应的条件是其规模达到某个临界值。连通性的网络结构和溢出效应意味着它的边际效益并不会无限递减；相反，在连通性达到发挥规模效应的临界规模之后，它对经济系统的正面影响还会随着连通性规模的扩大而不断增强。

作为连通性的物质实现和载体，系统资源也将因为连通性的这些特性具有同其他软资源不同的特性。例如，随着连通性的规模收益递增，系统资源在经济系统中的作用也将随着其规模的扩大而加强。

根据复杂系统聚类的 $(f, \theta, D)$ 相对性准则，可以对连通性按照各种分类原则进行不同分类。根据渠道模式的不同，连通性可分为两类：一是以特定物理传输网络为基础的连通性；另一类是由万能连通因子为基础的连通性。

以特定物理传输网络为基础的连通性对于渠道有较强的依赖性，如物质商品的连通性高度依赖于公路、铁路、航空、航海等共同构成的物流网络，电能的连通性高度依赖于电网。物质商品不可能通过电网实现连通，而电能也无法通过物流网络实现连通。也就是说，以物质传输网络为基础的连通性，高度依赖于与之相对应的中介系统，缺少特定中介系统的物理网络往往很难实现。因此，这一类连通性的实现对物理网络有很高的要求，从这个意义上说，其经济成本在网络建设初期一般大大高于利润，因而这一类连通性渠道在实现初期往往需要具有国家政府等具有较大特征尺度的系统进行高层级的投入和支持。

以特定物理传输网络为基础的这种连通性又可根据传输网络中所传输的物质的状态，分为物质连通性、能量连通性和信息连通性。它们的实现分别依靠物流网络、能量传输网和信息网。物流网的典型例子是由公路、铁路、航空、水上航线共同构成的运输网；能量传输网的代表是电网，电能只能通过由高压电网和各级电线传输；信息网则包括具有信息传播能力的所有网络，如互联网、广播网、电视网等大众传媒网络，当然还有有线电话网、无线通信网等。

这些连通性因其所依赖的传输网络和传输"货物"之间的刚性联系，依照三种"货物"形态，各自形成相对封闭的连通网络。但这些连通网络之间并非相互独立存在，它们会在各层次经济系统内部根据不同形态资源位之间的匹配关系或万能连通因子实现网络互动，形成泛权场网结构。

以万能连通因子为基础的连通性较上一种连通性更为灵活，这类连通性对特定介质的物理网络没有绝对的依赖性。比如货币，作为一般等价物，是现今经济行为中大多数资源交换的万能连通因子。有了货币这种一般等价物，交换行为可以突破时间、地点的限制。而随着货币形式的不断发展，拥有相同本质的电子货币如今也突破了过去纸币等象征性实体的限制，使网上有偿信息交换更加便捷、高效。万能连通因子带来的连通性，可以实现不同物理渠道网络之间的连通、交流。需要明确的是，万能连通因子虽然不依赖于特定物理网络进行流通，但仍然需要传播渠道才能实现连通性，只不过它对于渠道的选择刚性不如上一种连通性来得那么强烈。"万能"所指的就是连通因子可以在各种渠道中进行流通的特质。

无论是基于特定物理网络的连通性，还是基于万能连通因子的连通性，它们的实现都需要考虑多方面的实现因素。其中，技术条件和经济条件是大多数连通性实现所必须具备的两方面条件，制度条件有时候也会对连通性的最终实现产生决定性的影响。

连通性实现的技术条件是指，撇开其他一切社会、经济因素，在理论上和科学技术水平的意义上具有实现某种连通的可能性。用传播学的语言来说，就是广义资源传播过程在自然规律意义上能否实现。技术条件是连通性实现的必要条件，由自然规律决定。比如，铁路网和公路网能够在技术上实现处于同一大陆的两地之间的物质商品交流，是指铁路、公路这些陆上交通能够在技术上将具有物质形态的商品、货物等在同一大陆上两地之间进行传输，但陆上交通网不可能实现跨洋连通，因为在技术上人类还没有办法在大洋海底建设长度足以越过大洋的铁轨或公路。当然，我们可以通过其他途径实现海上交通，航海航线就是这样的渠道。

技术条件是随着人类科学技术的发展而不断提高的，过去大洋两岸的信息交流完全依靠航海船只实现。而随着科技发展，人们可以通过海底电缆进行跨洋远距离信息交流。可见，连通性的实现方式及实现质量并不是一成不变的。随着科学技术的发展，可以从技术上实现物质、能量、信息交流的渠道将越来越多，我们也会有越来越多的系统资源建设的选择。历史证明，广义资源传播技术的发展总能够为我们提供更高质量的连通性，仅凭此一举，便可能对已有社会、经济带来巨大影响。

经济条件涉及渠道建设的经济成本和收益之间的关系，与技术条件直接相关。从经济的角度考虑连通性实现，实质上是考察具备连通性理论技术条件的中介系统能否在其尚未成形之前整合各种经济资源进行自身建设。实际上，连通性的经济实现过程就是经济系统对于连通性中介系统进行投入产出预期评价，最终决定是否投资进行细节技术开发和建设。

对于不同层级的经济系统来说，同样的渠道技术研究和建设的成本收益比率往往不尽相同。西方经济增长理论曾对技术的经济条件做过研究，其中最具代表性的是新增长经济学的相关结果，尤以罗默为代表。新增长经济学的研究表明，外部性使公司对新知识、技术的投资并不能最佳地使诸如新研究成果之类的知识发展内在化。这大大增加了外部性的连通性渠道建设的经济条件的难度。当其他公司获取这些知识溢出并使用它们作为生产的无成本因素时，外部性上升。这意味着，在科学研究上加倍地投入并不一定会使新知识的产出和利用加倍，知识产出可能会呈现下降的态势。如果一般公司减少连通性技术研究和建设的投入，那谁可能来提供连通性的经济条件？

昝廷全在《产业经济系统分析》一书中曾就技术创新问题给出技术创新原理（昝廷全，2002）。他认为，任何技术创新都需要一定的时间和空间。一般来讲，深远的和基础性的技术创新需要的时间长、涉及范围广；影响时间短的和非基础性技术创新需要的时空范围也小。这与不同层级经济系统的不同特征尺度相对应，因此经济系统所"应当"从事的技术创新项目与经济系统的特征时空尺度有关。昝廷全将这样的规律性总结为经济系统的技术创新原理：经济系统应当选择这样的技术创新项目，其所需要的时间尺度和所涉及的空间范围与经济系统的特征时间尺度和特征空间尺度相匹配。

根据技术创新原理，连通性中介系统的经济条件，应当主要由与其特征尺度相匹配的经济系统来完成。现实状况如何？

以互联网连通性为例，互联网连通性中介系统的技术研究和网络建设是一个浩大的工程，即使撇开互联网连通技术条件的基础科学理论研究投入，仅计算互联网实现连通性所需的各种硬件技术、接口技术和软件的研究和实现，其所需要的时间和资源投入都非单个或几个公司、研究机构所能承受。然而互联网如今已经在技术和建设方面实现了大规模的突破，其应用也日渐广泛，参与其中的公司、研究机构不计其数，现实状况似乎与经济学家们的担心有很大出入。

如果从互联网连通性的动态发展过程和它本身具有的层级网络结构的角度来考察，这一切都是合乎规律的。了解互联网发展史的人们都知道，互联网在不同发展阶段，得到过许多不同层级经济系统的支持和投入。互联网发展之初，学者和科研机构是肇始者；而后互联网凭借当时刚刚显露的优良网络结构受到军方支持，因其去中心的网络结构恰好契合军事战略安全的需求；随着互联网规模的不断扩大，其整合作用日益显现，许多计算机、软件、网络硬件公司开始加入互联网的商业应用，其后越来越多的国家和地区都参与其中，于是互联网实现了大规模扩张。互联网发展过程中的所有参与者都是根据自身对于互联网的广义经济预期展开经济行为的。比如，军方因为互联网的安全价值对其提供支持就源自其对所需要的安全效益同投入成本的权衡，而之后参与网络系统建设的公司、机构也都从自己的角度对其做出经济预期。虽然它们处于不同层级经济系统，互联网的层级网络系统却能够在他们所处的各个层级中提供连通效益，当然前提是在此之前互联网层级网络结构已经形成，或者至少已经在高层次经济系统中实现了基本架构。当然，这同技术创新原理也不矛盾，因为在互联网连通性经济条件的关键时段，技术投入和建设投入的主体仍然是具有相应特征尺度的国家系统主体、国际机构和跨国公司。

除了具备技术条件和经济条件之外，连通性的实现通常还需要相应制度条件的支持。

系统经济学认为，制度是政府或经济系统对其经济元及其子系统的约束和影响（昝廷全，1996），以及这些不同的约束和影响之间的关系共同构成的有机整体，可以形式化地表示为

制度 =（｜政府或经济系统对其经济元及其子系统的约束和影响｝，｜不同

的约束和影响之间的关系｝）

由于经济系统具有层次性，前面提到的制度概念本身就内涵了制度的层次性。制度层次性的本质是由于每个层次的经济系统都有自己的意识和目的，即存在不同的"经济系统目标"组合（昝廷全，1995）。每个层次的经济系统为了实现自己的目的，就会自觉或不自觉地对其组成要素和子系统的行为进行约束和影响。

在现实经济系统中，各种连通性的实现作为经济行为，都必然受到制度的约束。因此制度实现对于连通性实现也十分重要，虽然不是必要条件，但有时却可以成为具备技术条件可能的连通性最终实现的充分条件。比如，互联网在技术相对成熟之后，就因为恰好符合军方对信息传输网络安全性的需求而受到大力支持。

经济系统制度对于连通性的约束和影响还直接影响连通性的最终实现程度。比如，国际贸易中国家之间的关税壁垒和贸易配额等就会对国家之间的货物流通过程产生影响。

## 1.3 构建基于中介系统的经济系统和产业组织分析模型

### 1.3.1 经济学与数学模型

通过建立数学模型来分析经济学问题，首先需要明确经济学与数学、经济学与数学模型之间的关系。经济学发展到今天，人们关于数学与经济学的关系仍然存在分歧。主流经济学家们用一般均衡理论构建起经济学完全竞争市场均衡的数理基础，发展了博弈论作为不完全竞争市场的主要分析工具，这些工作都得到了诺贝尔经济学奖评审委员会的某种肯定。尽管这些数学模型已经成为经济学研究的主流，在全世界范围内的各大高校中普遍开设了针对经济学专业学生的相关课程，并且占据了各大经济学学术期刊的大部分版面，仍然有一些经济学家和大多数社会学家并不认同在经济学分析中完全依赖数学模型。对此，本书在构建数学模型之前将首先阐明对于经济学与数学、经济学与数学模型之间关系的观点。

在博弈论奠基之作《博弈论与经济行为》中，冯·诺依曼和摩根斯顿在开篇就首先讨论了经济学中的数学方法（冯·诺依曼 等，2004）。显然，在博弈论研究刚刚兴起的当时，数学在经济学中的应用还并不怎么成功。因此他们试图发展全新的博弈论方法，用于严格地描述经济学理论的基本问题：个人效用最大化或企业利润最大化行为。他们的工作对应于新古典经济学分析框架中的第三层次，即关于各人决策的描述；而在系统经济学中，相当于对经济元行为方式进行严格设定，对应于系统经济学三大公理中的世界最经济原理。

《博弈论与经济行为》的第 1 章第 1 节以"经济学中的数学方法"为题，详细讨论了两位作者在当时数学与经济学研究状况的大背景下对于相关问题的看法。他们首先讨论了"经济学理论的本质"。"第一，我们要意识到，目前还不存在一个大一统的经济学理论体系……在远比经济学先进得多的物理学中，目前也不存在这样一个同一的体系。"❶ "第二，我们必须注意到，不同的科学问题迫使我们尝试不同的分析方法，其中有些方法后来因为更好的方法的出现而被摒弃……换句话说，以一种缜密的方式发展一种理论是可能的，为此数学的运用是必须的。"❶ 他们通过将经济学与物理学相比较，提出经济学理论当时的发展状况，并指出数学对于发展严谨的经济学理论来说十分重要。对此，他们还提供了当时来自其他学科的情况："在数学被运用得十分成功的大多数学科中，这些学科的进步甚至离不开数学。"

冯·诺依曼和摩根斯顿的观点到今天仍然适用。虽然已经拥有一般均衡理论、博弈论、计量经济学方法等数理分析工具，当代经济学中运用数学工具和思想的程度与物理、化学等其他科学来说仍然有很大的差距。经济学分析中对于现代数学理论的运用也十分有限。从这个意义上来说，利用数学发展一种缜密理论的工作对于今天的经济学来说仍然具有同样的重要性。

针对数学不应被运用于经济学的某些说法，问世于 20 世纪 50 年代的《博弈论与经济行为》一书已经给出了有力的回答。书中提供的证据也能用于回

---

❶ [美]冯·诺依曼,摩根斯顿. 博弈论与经济行为[M]. 王文玉,王宇 译. 北京:生活·读书·新知三联书店,2004.

应今天仍然存在的相关疑问。

书中首先列举这样一种观点："数学之所以在经济学中无用武之地，是因为存在所谓不可度量的重要因素，即人的因素和心理因素等。"冯·诺依曼和摩根斯顿对此嗤之以鼻。他们认为，基于某些因素不可度量的理由怀疑数理经济学是站不住脚的，因为同样的疑问在物理、化学乃至生物学发展之初都出现过，但并不妨碍这些学科的"数学化"。[1]他们还以热理论的发展为例给出具体的证据：随着数学理论的发展，过去被认为是难以测量的热最终得以用热量和质量（能量和温度）进行精确度量。此后针对"经济学理论无法像物理学那样建立模型，因为它是一门关于人类社会现象的科学，从而必须把心理因素等考虑进去"这一断言，两位作者的观点倾向于认为学科进步需要一步一步扎实地进行，先借鉴物理学等较先进学科的发展经验才是明智的。

冯·诺依曼和摩根斯顿对于经济学与数学关系的论述无疑为当下数理经济学的发展提供了重要的思路。他们的观点实际上也在某种程度上解释了主流经济学的发展历史。由他们开创的博弈论如今已经成为主流经济学的重要分析工具。尤其是其中的非合作博弈，已经成为大多数高校经济学专业学生的必修课程，并广泛应用于非完全竞争市场情况下产业组织理论的研究，而合作博弈也受到越来越多经济学家的关注。

至少我们可以肯定，在经济学研究中，有效地运用数学这种"有着强大解释力的工具[1]"对于缜密的经济学理论的建立和发展来说是必要且重要的。其中数学的有效运用尤其依赖于对经济问题本身的清楚表述和经验基础，因为数学"不充分和不恰当的运用无法消除潜在的模糊性和无知[1]"。这是所有致力于数理经济学研究的学者们所共同面对的问题。即在运用数学模型之前，经济理论本身的发展是不可忽略的。

杨小凯也在他的教科书《经济学原理》中提到了关于数学在经济学中地位的争论（杨小凯，1998）。马歇尔和萨缪尔森，这两位在数学方面训练有素的著名经济学家，对于数学之于经济学学习的重要性这一问题地不同态度在对比了他们的不同态度后，杨小凯显然更倾向于认为数学对于经济学研究和学习

[1] [美]冯·诺依曼,摩根斯顿. 博弈论与经济行为[M]. 王文玉,王宇 译. 北京:生活·读书·新知三联书店,2004.

十分重要。他阐述了数学语言的诸多好处。"数学是各种学科之间共用的超级语言，由于它结构和逻辑的演进，它积累知识的能力最强。"❶ "数学使经济学概念精确化，因而能提高人们争论时的效率……会减低经济学内部分工所产生的通信费用。"❶

《经济学原理》在此基础上讨论了主流经济学与数学模型的运用之间的关系。杨小凯这样写道："再好的经济学思想，如果不能变成数学模型，就会被人遗忘；而再浅薄的经济学思想，一旦它变成了数学模型，就有机会进入主流学派而可能流传下去。这里，主流学派不一定对也不一定错，不一定好也不一定坏，它是一代又一代经济学老师在课堂上向学生教授而流传下来的东西。"❶从某种意义上来说，这种观点似乎有一定的道理。对数学的运用并不意味着理论的好坏和对错，而至少增加了理论得以被代代传承的机会。用边际分析研究供需问题在马歇尔之后成为主流学派，似乎就是这种情况的一个实例。

杨小凯的观点至少让我们对于数学之于经济思想传承方面的作用有了一定的认识。尽管他本人与博弈论的两位创始人一样更倾向于强调数学对于经济研究的重要性，但是他还是提出了反面的例子。"一些高深的经济学思想，如科斯和哈耶克的思想，就因为很难变成数学而至今仍大多是没有数学模型的思想，因此数学模型的优点并不意味着所有经济学模型都比没有数学模型的思想高超。"❶这多少为我们更加客观地看待经济学中数学建模留下余地。

对于数学在经济学研究中的地位的争论，昝廷全认为，"这个问题的本质就是经济学定性分析和定量研究之间的关系问题"，并提出"定性分析和定量研究很难笼统地讲哪个更好、更先进"❷（昝廷全，1996）。根据昝廷全的观点，定性研究与定量研究是相辅相成的，定性研究是前提，定量研究是定性研究的支持。在此基础上，昝廷全提出了经济学研究的三个基本层次：哲理层次、数理层次和技理层次，并将哲理层次与定性分析相对应，将数理层次与定量分析对应，将技理层次理解为经济学的应用研究（昝廷全，2001）。他用式（1.18）来刻画经济学理论发展的轨迹：

---

❶ 杨小凯. 经济学原理[M]. 北京:中国社会科学出版社,1998.

❷ 昝廷全. 系统经济学的对象、内容与意义[J]. 经济学动态,1996(10):18-22.

$$\text{哲理}(P_n) \to \text{数理}(M_n) \to \text{哲理}(P_n + 1) \to \text{数理}(M_n + 1) \to \cdots$$

$$(1.18) \; \bullet$$

其中：$P_n$ 和 $P_{n+1}$ 分别代表第 $n$ 层和第 $n + 1$ 层经济问题中的哲理研究；$M_n$ 和 $M_{n+1}$ 则代表第 $n$ 层和第 $n + 1$ 层经济问题中的数理层次。

从这个意义上来说，简单而笼统地讨论哲理研究与数理研究的关系、定性研究与定量研究的关系或者数学对于经济学研究的重要性，并不能为经济研究提供实质性的指导和建议。

在本书的研究中，作者更倾向于根据相关理论发展状况具体地讨论经济系统模型的作用。本书后半部分关注的主要问题是中介系统对于产业组织变革的影响，其中中介系统所指代的各种物质、能量和信息沟通渠道是随着经济实践的发展而逐渐进入经济学家和社会学家的视野的。信息革命之后，信息渠道的发展和升级带来了经济实体间经济联系的改变，产业组织分工与合作的关系也发生了变革。这些变革吸引了越来越多经济学家和社会学家的注意。经济史学家们观察到信息革命之后，尤其是 20 世纪最后的 25 年中，著名经济史学家钱德勒（Chandler）提出的纵向一体化背景下的管理革命并没有得到很好的延续；相反地，纵向去一体化、模块化生产和企业网络组织等新的产业组织发展趋势出现。他们将这种产业组织变革同新出现的信息技术相联系。与此同时，产业组织理论领域的经济学家们对产业组织出现的新现象进行了广泛的讨论，提出传统产业组织理论所面临的危机：企业与市场边界模糊带来分析视角危机；传统的结构→行为→绩效传导机制断裂带来分析框架危机（陆伟刚，2005），并就新产业组织现象进行了一定程度的哲理和数理研究。这些研究都为本书主题提供了哲理和数理研究的基础。但是，这些文献并没有提出中介系统影响产业组织变革的具体证据和结论，也没有将它们之间的联系通过数学模型内生地进行刻画。因此，目前在讨论中介系统与产业组织变革之间联系的问题上，既需要哲理层次的定性分析，也需要数理层次的定量分析。其中哲理层次的分析尤其关键，只有在哲理上分析清楚中介系统变革与产业组织变革之间到底存在哪些方面的关联、这些关联发生在经济系统的哪个层次，才可能构建

---

❶ 昝廷全. 经济学研究的三个基本层次：哲理、数理与技理[J]. 数量经济技术经济研究,2001(12)：11-13.

出相应的数理模型。

从这个意义上说，本书将要构建的数学模型与其说是中介系统的定量分析模型，不如说是为了探讨中介系统及其影响而将经济系统及其中的经济联系以简洁的方式表达出来的形式化模型。模型的构建并不期望得到具体的数据运算结果，而只求通过简洁的模型能够显化中介系统在经济系统中的地位和中介系统变革影响产业组织的因果链条，进而为文章研究的主要问题给出一种可能的解释。

## 1.3.2　基于中介系统的经济系统模型建模

现代经济学理论在进行经济学分析时，总是遵循一定的分析框架。以微观经济学分析框架为例，杨小凯将经济学常用的微观分析框架做了具体归纳，整个框架分为四层：第一层次用数学函数来描述人们做决策前的经济环境；第二层次用数学中的最优决策理论分析人的自利行为；第三层次用均衡概念分析不同人的自利行为交互作用产生的结局；第四层次对第三层次得出的结果进行福利分析，提出衡量经济状态相对于全社会而言的优劣标准（杨小凯，1993，1998）。

微观经济学分析框架固然有其在分析微观经济问题时显示出的科学性和高效性。然而由于本书采用经济系统的视角，广泛地关注所有以中介系统为构造性元素的经济系统，需要保证分析框架的一般性，传统微观经济学的分析框架在这一点上并不适合本书研究。

昝廷全曾经运用系统经济学的理论和方法对产业经济系统进行系统的讨论，并大致构建了一个基于系统经济学的产业经济系统分析体系（昝廷全，2002）。近期他在自己的学术博客中，提出了产业经济学研究国民经济的四个步骤（昝廷全，2008）：第一步，把国民经济系统进行分类，每一类代表一个产业；第二步，对每一类（产业）进行自由度归并处理，抽象出每一类（产业）的宏观性质；第三步，以每一类即每个产业作为经济元去构成一个更高层次的系统（称为产业系统），这个系统的结构就是所谓的产业结构；第四步，用产业系统去模拟原型经济系统，即现实的国民经济系统，根据产业结构的优化与合理与否对国民经济进行分析。

以上四个步骤分别对应产业经济系统分析体系中的不同内容。产业经济学研究的第一步对应产业经济系统的介绍和产业分类的 $(f, \theta, D)$ 相对性准则的运用。这一步骤明确提出产业经济系统分析的研究对象存在于国民经济系统中❶，并引入产业分类的一般准则。研究的第二步对应对产业经济系统的基本特征的讨论和产业经济系统三大关系的分析。产业资源位与产业结构演化的自组织模型研究、相应的产业政策讨论，以及技术创新与产业结构的演化分析，共同构成第三步分析。在第四步中，产业经济系统分析引入系统经济效应概念，对产业经济系统和它们之间的关系进行系统经济学意义上的福利分析。

昝廷全在博文中特别指出，"上述产业经济研究方法具有一定的普适性。对于任何一个复杂系统，对其进行直接研究往往比较困难，"可以采用类似的方法。他总结了研究复杂系统的分析框架："首先，对其进行分类；其次，对每一类通过自由度归并进行宏观化处理；然后，以每一类作为经济元构成一个更高层次的系统；最后，用这个新构成的更高层次的系统去模拟原型系统。"

昝廷全在《产业经济系统研究》一书中构建的产业经济分析模型以系统经济学理论和方法为基础，通过抽象该模型总结的研究复杂系统的分析框架也基于系统经济学理论。因此，本书关注的同样定义在系统经济学基础上的中介系统和它的连通性本质都能够自然地在这个框架中内生。这个分析框架并不像传统微观经济学分析框架那样以给定的消费者和企业集合为分析底层，相反，它在底层分析中首先运用复杂系统分类的相对性准则对所要研究的系统进行分类。如在中介系统分析中运用这一处理，既可以避免由于分类方法差异而导致的分析结论的不确定性，还能在同一分析框架下运用分类的相对性准则描述产业组织的变革。因此，对于本书主题的分析和讨论来说，基于系统经济学理论的这个复杂系统分析框架是合理的选择。

本书在讨论中介系统模型表示的同时，将根据复杂系统分析框架给出的模型建构步骤，构建一个基于中介系统的经济系模型。

## 1.3.3　产业组织分析框架

为了在产业组织变革分析时恰当地考虑中介系统的作用，本书后半部分将

---

❶　根据系统经济学的层级战略,应当将低层次经济系统放置在更高层次上进行观控(昝廷全,2003)。

需要一个内生中介系统刻画和目前已经发生的组织变革的产业组织分析框架。

首先考察主流产业组织理论的分析框架。

主流产业组织分析主要包含在产业组织理论当中❶。《产业经济学手册》明确地将产业组织学定义为微观经济学中主要关注于企业行为、其与市场结构和市场演变进程的密切关系，以及相关公共政策的广泛领域。现代产业组织学由两个重要的部分组成，它们分别形成于 20 世纪 30 年代和 80 年代，经济学家们通常把它们分别称为"传统产业组织理论"（Traditional Industrial Organization，TIO）和"新产业组织理论"（New Industrial Organization，NIO）。

传统产业组织理论发端于 20 世纪 30 年代，当时埃沃德·S. 梅森（Edward S. Mason）教授在哈佛大学建立了第一个产业组织理论研究机构。贝恩出版于 1959 年的《产业组织》是第一部系统论述产业组织理论的教科书，标志着传统产业组织理论体系的最终形成。书中明确指出，产业组织所研究的产业指的是生产具有高度替代性的产品的企业群❷。他提出著名的"结构—行为—绩效"范式（SCP 范式：Structure-Conduct-Performance-Paradigm），在 20 世纪 70 年代初期的美国和 20 世纪 80 年代初期的欧洲，是产业组织理论的分析框架。SCP 范式根本要义在创始人贝恩看来是强调市场结构是企业行为的决定因素；而在一个给定的市场中，企业行为又是市场绩效的决定因素。

这一范式以产业为基本分析单位，它利用观察到的各个产业的特征数据，据此对产业中企业的行为做出预测，最终将由经济实践推得的不完全竞争产业的绩效与主流微观经济学中的完全竞争产业的绩效加以比较，即传统产业组织理论专注于以跨部门研究为主的经验性产业组织分析，因而具有经验主义性质。用《高级产业经济学》一书中的话说，"这一范式强调经验性的产业研究，目的在于揭示产业间的实证规律。"尽管 SCP 范式在 20 世纪 70 年代后的十多年间受到芝加哥学派的批判，称其只是一种与主流经济理论无关的特定的分析方法而已，但在新产业组织理论出现之后，它仍然是产业组织教科书中基

---

❶ 斯蒂芬·马丁在《高级产业经济学》的中文版序言中提出，"产业经济学"和"产业组织学"这两个术语是同义词，其演变可追溯至亚当·斯密和阿尔弗雷德·马歇尔。

❷ 产业组织学的研究对象和研究范围一直秉承贝恩开创的这一传统，产业的概念也得到沿用（马丁，2003）。

本的分析框架。

20世纪70年代以后，新产业组织理论出现，大多数人认为它是以分析企业策略行为为主旨的与以往有着根本不同的产业组织理论。新产业组织理论与传统产业组织理论相比，更关注特定的行业和行业中企业的策略性行为，并通过建立有关企业行为的博弈论模型进行研究。而博弈论是新产业组织理论研究的分析框架，它基于主流经济学寡占模型的一系列分析及其成果，使产业组织理论可以与主流经济学直接相连。

由于博弈论的政策结论与SCP范式相似，今天的产业组织理论实际上同时使用传统产业组织理论的SCP范式和新产业组织理论的博弈论方法作为基本分析框架。其中，博弈论作为主流微观经济学的扩展，与后者有共同的分析框架。

在产业组织的博弈论方法中，第一层次包含博弈参与人、各自策略和收益函数以及博弈规则的描述；第二层次则通过最大化各局中人的收益函数分析其自利行为；在第三层次上，博弈通过求解纳什均衡等各种适用于不同情况的均衡解概念，分析各人在决策互动情况下的均衡结局；第四层次将利用全局帕累托改进和帕累托最优概念对均衡结局进行福利分析。然而，这一分析框架实际上仍然假设第一层次中包含的局中人和他们的信息都是给定的，这意味着产业组织在运用该框架时必须预先给出产业的分类和特定产业的范围，因而不可能内生地描述中介系统变化与产业组织的变革。主流产业组织理论框架对于本书研究而言的这些不足，迫使作者寻找或建构更合适的产业组织分析框架。幸运的是，1.3.2节提到的经济系统分析框架恰好能够避免这些不足。因此本书后半部分在进行产业组织变革分析时，也将遵循这一经济系统分析框架。

# 2　经济系统的分类

遵循复杂系统分析的一般框架，经济系统模型构建的第一步是对原型经济系统进行合理分类。首先，需要明确对这一基础步骤进行详细讨论的必要性。

根据开篇介绍的经济系统定义，为了确定经济系统分析的研究对象，必须分别确定经济系统的两个组成部分：硬部和软部。通常采取的方法是先确定硬部构成，再根据硬部经济元之间的联系派生软部。其中，硬部的确定等价于构成经济系统的所有经济元的确定；在给定硬部构成的情况下，通过刻画现经济元之间所有联系确定软部。因此，经济系统分析的第一步，将聚焦于通过分类确定构成经济系统硬部的经济元雏形。

根据系统经济学对经济元的解释，经济元是构成经济系统硬部的单元。如果存在一种经济实体满足这个条件，理论上来说就可以被称作经济元。在模型构建过程中，为了逻辑的严谨性，经济元的具体定义通常通过对经济系统原型的分类来完成。分类的过程也就是对系统进行划分的过程，这个划分过程遵循特定的标准。然而划分标准却并不是唯一的，这将直接导致包括中介系统分析、产业组织分析在内的基于经济元的所有分析缺乏稳定而严谨的基础。因此，有必要在明确定义模型中的经济元之前，对分类进行充分讨论。

分类思想广泛存在于人们认识世界的各种活动中，同样也存在于经济研究中。然而分类的标准不同往往会得到完全不同的分类结果，这使研究者对于客观经济的认识也相应地产生不确定性。集合论从数学的角度讨论了一般集合分类的严格概念和相关结论，提出可以运用集合覆盖和划分两个概念描述分类的结果，并证明了覆盖与集合的相容关系、划分与集合上的等价关系存在一一对应。这为我们提供了分类的数学刻画和把握分类结果的数学工具。昝廷全用复

杂系统分类的 $(f, \theta, D)$ 相对性准则刻画了人们在认识客观系统时的分类行为。他提出一旦确定 $f$、$\theta$ 和 $D$ 这三个变量的取值，就能够得到确定的分类结果，否则任何一个参量的改变都会带来分类结果的差异（昝廷全 等，1993）。这一准则解释了学者们在科学研究过程中对同一对象给出不同分类结果的原因，从某种意义上消除或缓和了由分类不确定性带来的研究结论的不确定性。本书在模型的底层就将运用复杂系统分类的 $(f, \theta, D)$ 相对性准则对经济系统原型的分类进行讨论，在此基础上再定义与特定分类相对应的经济元并讨论其性质，最后通过描述经济元之间的相互作用定义中介系统。

本章首先介绍经济系统的分类与分类的相对性。

# 2.1　人类认识活动中的分类

在人类逐步认识世界的过程中，分类作为一种认识方法占据重要地位。知识的分类是其中影响最为广泛的一种分类活动。而随着生活实践和人们认识能力的发展，人们会对知识进行不同的分类以适应认识活动的需要。亚里士多德曾经在广义哲学的范围内对各种知识做过分类，这对他后来的知识积累产生了深远的影响。然而随着实验科学的发展，这种分类无法适应人们进行专业化学术研究的需要，于是出现了新的学科分类。这段学科分类方法演进的历史意味着人们在认识世界过程中进行的分类是具有相对性的。

亚里士多德在讨论知识时，根据知识的属性差异对当时的知识做出了分类。他这样定义哲学知识："绝对的知，乃是认识由于何种原因（或理由），一个事物恰正是它所是的，而不能异于它所是的。"❶ 他通过构建本体论和逻辑学，明确论述了"事物正是它所是的"和"不能异于它所是的"等所属的"是"和与其相关的范畴。在此基础上，他以不同知识对"是"的考察的程度和角度的差异为界限对科学知识进行分类。

亚里士多德在《形而上学》一书中提到："有一门学问研究'作为是的是'，研究那些由它自身依存于它的东西。各种号称特殊的学问却不是这样

---

❶　罗斑 . 希腊思想和科学精神的起源[M]. 桂林:广西师范大学出版社,2003:258.

的，因为别的学问没有一种是普遍地研究'作为是的是'的，它们是截取'是'的某个部分，研究这个部分的属性，例如数学就是这样做的。"● 亚里士多德在这里区分了普遍地研究"作为是的是"的学问和截取"是"的某个部分对其进行研究的特殊学问，这就是对知识的一种分类。其中，他的分类标准是以相同方法研究"作为是的是"。为避免叙述的繁琐，将"作为是的是"记为 $P$。那么亚里士多德的分类标准就可以表示为从相同角度或以相同方法研究 $P$，而具体的分类过程则可以设计为对每种符合条件的知识进行辨认。所有普遍地研究 $P$ 的知识为一类，即普遍的学问；其他知识都只讨论 $P$ 的某个部分，因而归为另一类，即特殊学问。

在《形而上学》一书的第六卷中，亚里士多德对"形而上学"知识进行了更为细致的分类。其中所有科学都称为广义的哲学，哲学被分类为思辨科学，包括物理学、数学和形而上学；实践科学，包括伦理学、政治学、经济学；创制的科学即诗学。这一分类是在前面分类方法的基础上细化标准后得到的结果。

亚里士多德对当时所谓知识的划分，形成了之后学科分类的一种传统。这种划分在此后人类研究活动专业化的过程中逐渐形成了各种分立的学科。而随着人类认识能力和知识的发展，亚里士多德的知识分类方法无法满足人们进行专业化研究的需要，新的学科分类标准开始出现。华勒斯坦描述了当时新产生的"学科分野"（华勒斯坦，1997）。

17、18 世纪，实验科学得到发展，所谓的科学与哲学走向分裂。科学被认为是可以被验证的知识，即可证伪的；而哲学因为不可证伪而被认为是似是而非的知识。19 世纪初，科学逐渐占据主导优势。"science"被用于指代自然科学，而与之相应的学科则被称为文科"arts"、人文学科"humanities"、哲学"philosophy"。由此出现了自然科学与人文学科之间的对立，这种对立融入了作为学术研究主要机构的大学，并一直延续到今天。

19 世纪，"由于现实被合理地分成了一些不同的知识群，因此系统化研究要求研究者掌握专门的技能，并借助于这些技能去集中应对多种多样、各自独

---

● 汪子嵩,范明生,陈村富,等. 希腊哲学史:第 3 卷(上)[M]. 北京:人民出版社,2003:590-591.

立的现实领域。"❶ 沃勒斯坦认为，这种知识的学科化和专业化是 19 世纪思想史的重要发展，并称大部分学科在这个时候形成。他对当时社会科学的分类进行了详细阐述。"19 世纪的社会科学分化为六大学科：经济学、政治学、社会学、历史学、人类学和东方学。这些学科都在 1850—1914 年完成了专业化，其标志在于确立了特定的研究领域和方法论，训练专门的人才，建立相关的学术组织，如大学里的系所、国内国际协会、各种学术期刊等。"❷ 知识的分类在研究活动中通过学科间研究方法和组织的区别成为现实。

然而，随着不同学科在各自研究范围内研究活动的不断深入和研究体系的不断完善，学者们发现，越来越多的客观现象无法在单独学科的范围内进行有效的研究，众多跨学科研究在 20 世纪兴起。学科分类再次出现变革，交叉学科被纳入分类体系。

正如我们所见，历史上学科分类的发展始终与学术研究实践紧密相联。从这个意义上来说，分类是人类认识世界时运用的基础方法之一。知识的分类和人们深入分析客观世界的愿望导致学术研究的专业化和学科化，在一定历史阶段中促进了认识活动的发展；然而分类的不确定性又在某些历史阶段中阻碍了认识活动的进一步发展。这种分类的相对性不仅存在于学科分类中，也广泛存在于各学科对现实现象进行分类的研究实践中。产业经济系统研究中的分类也具有这样的相对性，而这与本书研究直接相关。

尽管本书的部分研究属于产业组织分析的范畴，但作者希望探讨的产业组织变革现象并不仅限于单个特定产业的范围，它与产业结构的变化同时出现并与其相互联系。根据经济系统的层级性和系统经济学提出的层级战略，文章在搭建模型时将同时考虑对产业结构和产业组织这两个问题的描述。它们处于不同层级经济系统，其中产业结构通常在国民经济系统这一层级中进行描述，而产业组织问题则在特定产业经济系统中讨论。为此，在对原型经济系统进行分类之前，借鉴前人的文献和研究成果是十分必要和有益的。后面的内容将分别考察基于产业结构分析的产业分类方法和基于产业组织分析的企业分类方法。

---

❶ [美]沃勒斯坦,等.开放社会科学:重建社会科学报告书[M].北京:三联书店,1997:9.
❷ 江华.解构学科的神话:透视沃勒斯坦的学科理论[J].西南师范大学学报(人文社会科学版),2005,31(3):61-64.

产业经济研究以"产业"的概念为基础。产业组织理论的先驱贝恩认为，"产业组织所研究的产业指的是生产具有高度替代性的产品的企业群。"● 萨缪尔森在其影响广泛的经济学教科书中将产业定义为："生产相似的或相同的产品的一系列企业。"基于这些产业概念，专注于产业组织理论研究的经济学家们对市场结构、企业行为和市场绩效之间的关系展开一般性的探索。然而，产业组织理论并没有给出经济系统中明确的产业分类，尽管传统产业经济学专注于以跨部门研究为主的经验性产业组织分析。

昝廷全对已有的基于产业结构研究的产业分类方法做过较为全面的综述，并用系统经济学的经济系统形式化定义分别给出了与这些产业分类方法相对应的经济系统形式化表示（昝廷全，2002）。

魁奈于1758年发表的《经济表》，实际上给出了这样的国民经济系统 $E$：

$$E = (\ \{生产阶级，土地所有阶级，不生产阶级\}，\ \{三个阶级之间的关系\}\ ) \tag{2.1}$$

其中：生产阶级、土地所有阶级和不生产阶级是通过对所有社会成员进行划分得到的。

马克思在讨论社会资本再生产时所表现出的产业分类思想则可形式化地表示出来。当社会资本简单再生产发生时，国民经济系统 E 形式化地表示为

$$E = (\ \{\ \mathrm{I}，\mathrm{II}\ \}，\ \{\mathrm{I}(v+m) = \mathrm{I}c，\ \mathrm{I}(c+v+m) = \mathrm{I}c + \mathrm{II}c，\ \mathrm{II}(c+v+m)$$
$$= \mathrm{I}(v+m) + \mathrm{II}(v+m)\}\ ) \tag{2.2}$$

而当社会资本扩大再生产时，国民经济系统 $E'$ 可表示为：

$$E' = (\ \{\ \mathrm{I}，\mathrm{II}\ \}，\ \{\ \mathrm{I}(v+\Delta v+m/x) = \mathrm{II}(c+\Delta c)，\ \mathrm{I}(c+v+m) = \mathrm{I}(c+$$
$$\Delta c) + \mathrm{II}(c+\Delta c)，\ \mathrm{II}(c+v+m)$$
$$= \mathrm{I}(v+\Delta v+m/x) + \mathrm{II}(v+\Delta v+m/x)\}\ ) \tag{2.3}$$

其中：经济系统硬部中，经济元由社会生产两大部类划分生成。经济元之间的关系分别由三个再生产实现条件构成。其中，社会生产由产出生产资料的第 I 部类和产出消费资料的第 II 部类构成。社会总产品在价值形态上分为不变资本价值 $c$、可变资本价值 $v$ 和剩余价值 $m$，社会产品总价值则可表示为 $c+v+m$。

---

● ［美］马丁 . 高级产业经济学［M］. 史东辉，等译 . 上海：上海财经大学出版社，2003.

经济实践中常用的"农、轻、重"分类方法将国民经济生产部门划分为农业、轻工业和重工业三大部分。由该分类方法诱导的国民经济系统 E 表示为

$$E = ( \{农业、轻工业、重工业\}, \{三大产业之间的关系\} ) \quad (2.4)$$

在产业结构研究中,使用最为广泛的一种分类方法是费希尔(Fisher)于 1935 年在《安全与进步的冲突》一书中首先提出的"三次产业分类法"[1]。他根据生产部门在历史上的发展顺序和对产品进行加工的顺序,对国民经济部门进行划分:第一产业是产品直接取自自然界的部门,第二产业是对初级产品进行再加工的部门,第三产业则是为生产和消费提供各种服务的部门。"三次产业"分类法对应的国民经济系统为

$$E = ( \{第 i 次产业 | i = 一,二,三\}, \{三次产业间的关系\} ) \quad (2.5)$$

以上介绍的几种产业分类方法采用了完全不同的分类标准,得出了不同的产业分类结果(见表 2.1)。这些分类方法在相应的产业研究工作和经济实践中提出,与特定的研究目的和经济环境相适应。

表 2.1  不同产业分类方法的分类标准与分类结果

| 分类方法 | 分类标准 | 分类结果 |
|---|---|---|
| 魁奈《经济表》 | 社会成员阶级 | 生产阶级、土地所有阶级、不生产阶级 |
| 马克思两大部类 | 产品用途 | 第 I 部类、第 II 部类 |
| "农、轻、重" | 生产过程和产品用途 | 农业、轻工业、重工业 |
| 三次产业分类法 | 生产部门在历史上的发展顺序和对产品进行加工的顺序 | 第一产业、第二产业、第三产业 |
| 资源密集程度分类法 | 资源密集程度 | 劳动密集型产业、资本密集型产业、知识(技术)密集型产业 |

与产业分类方法的千差万别、见仁见智相比,企业层面的分类有较高的一致性。

---

[1] 学术界普遍认为,新西兰经济学家费希尔和英国经济学家克拉克是三次产业分类法的创始人(昝廷全,2002)。

在古典经济学供求分析中，企业（企业）是在特定市场中生产相应产品并为市场提供供给的经济实体。在一般均衡理论模型中，企业的特征可用其名称、拥有的生产技术及其所有者来描述。而企业行为则通过代表性企业的技术集、生产函数和供给函数进行刻画，而其最显著的特征是其生产技术集合 $Y^j \subset \mathbb{R}^n$。而任意 $y \in Y^j$ 是一个向量，表示某个技术上可能的投入与产出组合，其中用负坐标分量表示投入，而正的坐标分量表示产出。如 $y = (-a, -b, 1)$ 就表示该代表性企业通过投入 $a$ 单位的投入品 1 配合 $b$ 单位的投入品 2 产出 1 单位的产品 4 在技术上是可行的。

在一般均衡理论中，特定市场上整个生产部门的总技术集合 $Y$ 可以通过对单个企业的技术集 $Y^j$ 求加和得到。即设该市场的生产部门由 $|F|$ 个企业组成，一个代表性企业的技术集为 $Y^j = \{y^j \mid j = 1, 2, \cdots, \#F\}$，则整个生产部门的总技术集合 $Y$ 定义如下：

$$Y \equiv \sum_{j \in F} Y^j = \{y \mid y = \sum_j y^j, \ \forall y^j \in Y^j\} \tag{2.6}❶$$

根据前面提到的产业定义，这里的生产部门就相当于产业组织中的产业。而由上面引用的产业部门的总技术集合的定义可以推知，该产业中的所有企业之间在生产技术意义上是独立的，因为所有企业的技术可能性集的叠加满足可加性。

由上面一般均衡对特定市场中的企业、生产部门和他们的生产行为的刻画，我们可以给出与之对应的企业分类情况。用产业经济系统 $I$ 的形式化表示来描述，即

$I = (\{企业 j \mid j = 1, 2, \cdots, \#F\}, \{企业间在技术上相互独立，企业间的其他关系\})$ (2.7)

其中：企业（企业）的分类标准可以解释为是"具有独立生产能力"。不仅如此，联系一般均衡理论中所有经济主体都是价格接受者这一基本假定，我们还能够推知，供求分析中的企业都不具有特殊的市场力量❷。这意味着该理论中的不同企业在与供求分析相关的经济特征方面拥有几乎完全的同质性。因而用

---

❶ 斯塔尔. 一般均衡理论［M］. 鲁昌，徐永国 译. 上海：上海财经大学出版社，2003：69.

❷ 尽管这是一般均衡模型为描述完全竞争市场而刻意做出的假设，我们也能在不了解该假设的前提下由生产部门总技术集的表示中推知。

上面给出的分类方法对一般均衡理论中的产业进行划分，每个具有独立生产能力的企业都自成一类。类似的情况也出现在产业组织理论所研究的垄断模型中。在单个企业垄断市场的情况下，该市场对应的产业仅由垄断企业一家构成，自然地自成一类。

在产业组织所关注的不完全竞争市场上，企业的分类通常与企业的各种属性相联系，如市场力量、产品在产业链中所处的地位以及企业之间的关系等。但通常这些分类都不曾改变企业在分析中作为单个分析单位的地位，毕竟企业作为经济实体在经济现实中同时还是受法律保护和约束的独立法人。尽管如此，随着经济实践的发展，尤其是信息革命来临之后信息产业的发展，经济实践中出现了可能挑战这种自然分类的现象：企业网络。诸多学者提出企业网络的出现意味着企业外部边界将难以确定。这对原本明确的企业分类标准提出了挑战，也对产业组织理论的研究提出了新的问题。产业层级经济元——企业的确定也受到了分类相对性的影响。

通过前面对学科分类和经济学特别是产业经济学研究中具体分类方法的讨论，能够明显地看到，分类作为一种认识方法所具有的主观性、相对性和不稳定性。虽然在学术研究中，采用不同标准对研究对象进行分类能够为研究提供丰富的视角，但由于难以把握不同分类方法之间的联系，无法对这些差别巨大的分类研究结果进行合理的对比和整合，因此导致学科内分工合作效率低下。昝廷全和吴学谋提出了复杂系统聚类的 $(f, \theta, D)$ 相对性准则（昝廷全等，1992，1993），昝廷全将该准则用于产业经济系统研究并提出产业经济系统分类的 $(f, \theta, D)$ 相对性准则（昝廷全，2002）。该准则对分类行为的相对性进行了形式化的刻画，从某种意义上显化了不同分类方法之间的联系，使某些方法之间具有可比性。这使本书在刻画产业组织演进时避免由分类方法差异造成的认识误差成为可能。后面的内容将介绍数学常用的集合分类理论，并给出泛系的经济系统聚类分析法，进而介绍产业经济系统分类的 $(f, \theta, D)$ 相对性准则，并将其用于确定适合本书模型分析的经济元。

## 2.2　集合论中的分类

本书研究试图用分类或者聚类分析的方法为经济系统原型构建模拟模型，进而在该模型中描述中介系统的演进并讨论中介系统演进对于产业组织的影响。然而正如上节所描述的，人类认识活动中的各种分类方法结果展现出一定的主观性、相对性和不确定性。分类的这些不易观控性可能导致本书模型的极大局限和分析基础的缺陷。为此，作者将运用数学中集合分类的相关结论对分类的规律进行数学描述和刻画，为经济系统的分类分析提供来自数学理论的支持。

集合论研究由抽象事物构成的集合。集合论语言被广泛用于各个数学分支，为数学定义、定理的严格描述提供了有效的表示方式。同其他知识一样，数学分析需要对分析对象进行分类。集合论中用集合的覆盖和划分这两个概念将集合以便于分析的方式分为不同子集。这两个概念相当于具体分类中的相容性分类和等价分类，分别与定义在集合上的相关关系和等价关系对应。在这一节中，作者将试图以给出数学定义和定理的方式介绍集合的分类理论。

首先介绍集合的覆盖和划分。

**定义 2.1（集合的覆盖和划分）**

若把一个集合 $A$ 分成若干个非空子集，使得 $A$ 中每个元素至少属于一个子集，那么这些子集的全体构成的集合叫作 $A$ 的一个覆盖。如果对于这些非空子集，$A$ 中的每个元素属于且仅属于其中的一个子集，那么这些子集的全体构成的集合叫作 $A$ 的一个划分❶。

用数学符号和式子重述定义 2.1，得到定义 2.1 的一个等价表示。

**定义 2.1**

令 $A$ 为给定的非空集合，如果有 $S = \{S_1, S_2, \cdots, S_m\}$，$S$ 满足 $S_i \subseteq A$，$S_i \neq \varnothing\,(i = 1, 2, \cdots, m)$ 且 $\bigcup\limits_{i=1}^{m} S_i = A$，则集合 $S$ 称做集合 $A$ 的一个覆盖。如果除此之外，$S$ 还使 $S_i \cap S_j = \varnothing\,(i \neq j)$，则集合 $S$ 叫作 $A$ 的一个划分。

---

❶　左孝凌,李为鉴,刘永才. 离散数学[M]. 上海:上海科学技术出版社,2006:128.

这里介绍的覆盖和划分就是集合论中对集合 $A$ 进行某种分类后得到的分类结果。由定义可知，作为集合分类的结果，覆盖和划分都是由 $A$ 的非空子集组成，并且这些子集的并集就是 $A$。不同的是，划分中 $A$ 的子集之间不能相交，覆盖则对此没有特殊要求。因此，划分实际上体现的是一种"非此即彼"的分类思想，就同上节提到的大部分产业分类方法一样，要求被划分集合的元素只能属于各种类别中的一个。然而这种分类要求在现实中常常遇到操作性的问题。比如马克思在分析社会资本的简单再生产和扩大再生产时提出的两大部类分类法，尽管在理论分析中可以理想化地假设任何产品只能属于第一部类（即用于生产）或者只属于第二部类（用于消费），然而在现实经济中对每一产品都做出这种判断将是一项浩大的工程。不仅如此，划分也无法描述现实中实际存在的产业边界模糊、产业融合等现象。在这个意义上，覆盖对于各类别之间的区别没有严格的要求，能够在某种程度上消除这两方面的问题。

关于集合分类的已有讨论远不止于给出描述集合分类结果的覆盖和划分概念。数学家们还为如何构造集合的覆盖和划分提供了一般性的理论指导，他们证明了定义在集合上的相容和等价关系分别与覆盖和划分存在一一对应关系。这意味着，只要确定集合上的相容或等价关系，就能构造与之相应的覆盖或划分。这些结论可以确保我们在研究中控制分类在理论上是可行的。下面给出与此相关的一组定义和定理。

**定义 2.2（关系及其表示）**

任意一个序偶的集合确定了一个二元关系 $R$，$R$ 中任意一个序偶 $<x, y>$ 可记作 $<x, y> \in R$ 或 $xRy$。序偶 $<x', y'>$ 不在 $R$ 中可以记作 $<x', y'> \notin R$。

令 $X$ 和 $Y$ 是任意两个集合，直积 $X \times Y$ 的子集 $R$ 称作 $X$ 到 $Y$ 的关系，即 $R \subset X \times Y$。

**定义 2.3（相容关系与等价关系）**

设 $R \subset A^2$ 是定义在集合 $A$ 上的一个关系，

（i）如果 $\forall x \in A$，有 $xRx$，称 $R$ 是自反的；

（ii）如果 $\forall x, y \in A$，若 $xRy$ 则 $yRx$，称 $R$ 是对称的。

如果 $R$ 既是自反的又是对称的，称 $R$ 是相容关系。

（ⅲ）如果 $\forall x$，$y$，$z \in A$，若 $xRy$ 且 $yRz$ 则 $xRz$，称 $R$ 是传递的。

如果相容关系 $R$ 还满足传递性，称 $R$ 是等价关系。

了解相容关系和等价关系的定义之后，分别讨论相容关系与覆盖、等价关系与划分的一一对应。首先，从相对简单的等价关系与划分开始。

**定义 2.4（等价类与商集）**

设 $R$ 为集合 $A$ 上的等价关系，$\forall a \in A$，集合 $[a]_R = \{x \mid x \in A, aRx\}$ 称为元素 $a$ 形成的 $R$ 等价类。

$R$ 等价类集合 $\{[a]_R \mid a \in A\}$ 称做 $A$ 关于 $R$ 的商集，记做 $A/R$。

**定理 2.1（集合上的等价关系与划分）**

集合 $A$ 上的等价关系 $R$ 决定了 $A$ 的一个划分，该划分就是商集 $A/R$；集合 $A$ 的任意一个划分确定集合 $A$ 上的一个等价关系，即集合 $A$ 上的等价关系与 $A$ 的划分一一对应。

根据的定理 2.1，可以通过构造集合 $A$ 上的一个等价关系 $R$ 构造与之唯一对应的一个 $A$ 的划分。由此找到了集合的等价分类与分类结果之间的确定联系。集合 $A$ 上的相容关系与集合的覆盖之间也有类似的关系。

**定义 2.5（相容类与最大相容类）**

设 $r$ 是集合 $A$ 上的相容关系，若 $\exists C \subseteq A$，$C$ 满足 $\forall c_1$，$c_2$ 有 $c_1 r c_2$，称 $C$ 是由相容关系 $r$ 产生的相容类。不能真包含于任何其他相容类中的相容类称作最大相容类，记作 $C_r$。

**定理 2.2**

设 $r$ 是有限集合 $A$ 上的相容关系，$C$ 是一个由 $r$ 产生的相容类，那么必然存在一个最大相容类 $C_r$，使得 $C \subseteq C_r$。

**定义 2.6（完全覆盖）**

在集合 $A$ 上给定相容关系 $r$，由 $r$ 产生的所有最大相容类的集合称作集合 $A$ 的完全覆盖，记作 $C_r(A)$。

**定理 2.3（相容关系与完全覆盖）**

集合 $A$ 上的相容关系 $r$ 与完全覆盖 $C_r(A)$ 之间一一对应。

尽管分类方法具有相对性，但是根据定理 2.1 和定理 2.3，仍然能够通过集合上的相容关系或等价关系把握相应的分类结果。这些结论保证了通过某种分类方法建立满足特定条件的经济系统分层模型的可行性。

## 2.3 经济系统的分类分析和分类的 $(f, \theta, D)$ 相对性准则

对经济系统进行分类的方法有很多，2.1 节就曾提到产业分类的多种方法。这些分类方法得到的分类结果随着分类标准的不同而千差万别，具有明显的相对性。不仅如此，学科分类的发展历史说明，在分类对象发展的不同阶段，与现实情况相适应的分类标准也可能不同，这也是相对性的一种体现。分类所表现出的这些相对性对于以分类为基础的学术研究而言十分重要，因此在特定研究中有必要对相对性进行观控，以确保在研究中运用与研究目的、取向相适应的分类方法。本节首先简单介绍经济系统分类分析的一般过程，并运用系统分类的 $(f, \theta, D)$ 相对性准则刻画分类的相对性，最后就本书的研究工作提出具体的分类方法。

首先，回顾并正式给出经济系统的形式化定义。

**定义 2.7（经济系统）**

经济系统 $E$ 是一个二元组 $(H, S)$。其中 $H$ 是经济元 $h_i$（$i = 1, 2, \cdots,$ $n$）的集合，称为 $E$ 的硬部；$S$ 是经济元之间关系的集合。$E$ 可以形式化地表示为：

$$E = (H, S) = (\{h_i \mid i = 1, 2, \cdots, n\}, \{f \subset H^2\}) \tag{2.8}$$

设 $W$ 为与 $f$ 相对应的泛权集合，则 $f$ 可转化为泛权关系 $f \subset A^2 \times W$。拥有泛权关系的经济系统 $E$ 可以表示为

$$E = (\{h_i \mid i = 1, 2, \cdots, n\}, \{f \subset H^2 \times W\}) \tag{2.9}$$

设 $\theta$ 为相容关系，以 $\theta$ 为分类准则对 $E$ 进行产业分类的过程如下：

用 $\theta$ 商化国民经济系统 $E$ 的硬件 $H$，得到 $H$ 的商集 $H/\theta$ 和商集中的等价类 $H_i(i = 1, 2, \cdots, n)$，且

$$H/\theta = \{H_1, \cdots, H_i, \cdots, H_n\} \tag{2.10}$$

其中：$H_i$ 就是 $E$ 根据分类准则 $\theta$ 进行分类得到的产业。

若以 $H_i$ 为经济元重新构成国民经济系统 $E$，则后者又可以形式化表示为

$$E_\theta = (\{H_i \mid i = 1, 2, \cdots, n\}, \{f_\theta \subset (H/\theta)^2 \times W\}) \qquad (2.11)$$

其中：$f_\theta$ 表示不同产业 $H_i$ 之间的泛权经济关系。

被用于产业分类的分类标准 $\theta$ 通常是相容关系，在由分类得到的任何一个等价类（产业）$H_i$ 上都有定义，即

(i) $\forall h_{ij} \in H_i$ 都有 $h_{ij}\theta h_{ij}$（自反性）；

(ii) $\forall h_{ij}, h_{ik} \in H$，如果 $h_{ij}\theta h_{ik}$，则必有 $h_{ik}\theta h_{ij}$（对称性）。

其中：自反性（i）表示经济元 $h_{ij}$ 和自己属于同一产业 $H_i$，而（ii）则表示如果 $h_{ij}$ 和 $h_{ik}$ 属于同一产业 $H_i$，则 $h_{ik}$ 和 $h_{ij}$ 也属于同一产业。

分类标准 $\theta$ 的相容性意味着据其划分经济系统得到的产业之间交集可能非空，即

$$H_i \cap H_j \neq \varnothing \,(i \neq j) \qquad (2.12)$$

这种相容分类标准能够准确地解释现实分类认识中频频出现的一些问题，如无法确定某一元素究竟属于哪一类。相容分类标准不仅允许类似现象的存在，也为处理这种现象提供了思路，即无法辨认元素属于哪个类别时，将其同时归入可能的类别即可。在具体操作中，相容关系 $\theta$ 的选择或构造可运用泛系算子来完成。

下面运用复杂系统分类的 $(f, \theta, D)$ 相对性准则来刻画经济系统分类的相对性。

复杂系统分类的 $(f, \theta, D)$ 相对性准则是昝廷全和吴学谋在讨论复杂系统的泛系聚类方法和复杂系统的层次分析时提出的（Zan et al, 1995）。该准则中，$f$ 指代复杂系统各元素之间的关系，$\theta$ 是分类准则，$D$ 是 $f$ 的权重水平。昝廷全将其用于产业经济系统分类分析，并阐述了产业经济系统分类的 $(f, \theta, D)$ 相对性准则。

**定义 2.8 [产业分类的 $(f, \theta, D)$ 相对性准则❶)**

设 $E$ 是一个国民经济系统，可以形式化地表示为

$$E = (\{h_i \mid i = 1, 2, \cdots, n\}, \{f \subset H^2 \times W\}) \qquad (2.13)$$

如果对 $E$ 进行产业分类，其中取 $\theta$ 为分类标准，考虑泛权水平属于 $D \subset W$

❶　昝廷全. 产业经济系统研究[M]. 北京:科学出版社,2002:25.

的所有经济元间的原始经济关系 $f$，那么 $f$，$\theta$，$D$ 这三个变量中的任何一个发生变化都会导致不同的产业分类结果。这种情况称作产业分类的 $(f, \theta, D)$ 相对性准则。

事实上，产业分类的 $(f, \theta, D)$ 相对性准则也同样存在于其他层级上经济系统分类的过程中，因此可以直接推广到经济系统分类相对性描述中，改称"经济系统分类的 $(f, \theta, D)$ 相对性准则"。

经济系统分类的 $(f, \theta, D)$ 相对性准则明确提出了哪些因素的变化会导致分类结果的差异，其中 $f$ 和 $\theta$ 最为常见。对应于 2.1 节所描述的各种分类相对性的情况，该相对性准则提出分类结果会随着分类对象的发展、分类标准的不同而出现差异。通常情况下，原始经济关系 $f$ 的改变会使有效的分类标准 $\theta$ 随之改变。

知识或者学科分类就是这样的情况，以 19 世纪知识分类的变革为例。17 世纪和 18 世纪实验科学得到发展，而与之相关的结论发展成为可被证实的知识。这使这类知识与其他知识之间的关系发生变革。与之相对应，知识分类的有效标准也发生了改变，是否能够被实验证伪成为知识之间新的界限。这一时期的知识分类变革主要是由相对性准则中的 $f$ 变量的改变造成的。根据定义，变量 $f$ 指的是分类对象所包含的各元素之间的原始联系。在这个例子中，与实验科学相关的知识原本与其他知识一样都无法被明确地证实，因而在这个意义上它们是等价的；但实验发展成熟后，这些知识可以通过实验证实，它们与其他知识不再等价。因此，这一关系的变化是导致知识分类标准和分类结果变化的主要原因。

而产业经济研究中出现不同产业分类结果，则可部分归因于相对性准则中的变量 $\theta$（分类标准）的差异。比较"农、轻、重"分类法和"三次产业"分类法，这两种产业分类法都在 20 世纪二三十年代提出，但由于分类标准不同，分类结果有一定的差异。"农、轻、重"分类法按照生产方式和产品用途进行分类；而"三次产业"则根据生产部门在历史上的发展顺序和对中间产品进行加工的顺序进行分类。

由 $f$ 变化导致 $\theta$ 变化的情况可以解释为是人们对事物联系的认识发生了变化。分类是人们在认识世界时采用的方法，因而分类通常基于对认识对象进行了一定的观察，并且分类的目的是更深入地认识对象，即分类是人类认识和观察活动的一个部分、一个阶段。这意味着人们对事物进行分类的依据来自事物在主观中的反映，而非客观事物本身。也就是说，分类相对性准则中的 $f$ 指的是人们所观察到的事物元素之间的联系。与之相应地，$\theta$ 则是由这些 $f$ 生成的相容关系❶。因此，当 $f$ 变化时，由新 $f$ 生成的 $\theta$ 也会相应改变。

除了 $f$ 和 $\theta$，经济系统分类的 $(f, \theta, D)$ 相对性准则还提出 D 也会影响分类结果。D 的不同选取通常出现在对同一对象进行不同取向研究的情况下。设 $E$ 是一个由式（2.13）定义的含泛权关系的经济系统，$E = (\{h_i \mid i = 1, 2, \cdots, n\}, \{f \subset H^2 \times W\})$。令 $A = H^2$，则 $f$ 转化为由集合 $A$ 到广义权重集 $W$ 上的映射，即 $f \subset A \times W$。取两个权重水平集 $D_1$，$D_2 \in W (D_1 \neq D_2)$，则权重水平为 $D_1$ 的 $f$ 可以表示为 $f^\circ D_1 \subset A$，权重水平为 $D_2$ 的 f 为 $f^\circ D_2 \subset A$，那么必有 $f^\circ D_2 \cap f^\circ D_2 = \varnothing$。这意味着系统的分类也可以通过选择不相交的元素关系权重集完成。

---

❶ 前面在介绍经济系统分类时已经提到，被用于对事物进行分类的 $\theta$ 通常是相容关系。

# 3  生产主体与客体的统一：经济元

对原型经济系统进行分类后，需要对所得类别进行宏观化处理，进而得到模型构建的基本元素——经济元。本章将围绕经济系统模型中经济元表示的确定和经济元与其他理论中的经济主体概念的关系这两方面内容展开讨论。

在本章的分析中读者们将看到，由复杂系统分类的 $(f, \theta, D)$ 相对性准则确定的经济元概念具备许多利于经济分析的优良性质，尤其便于对中介系统的分析。相比较古典经济学分析框架中相互区分的消费者与生产者、新兴古典经济学框架使用的消费—生产者而言，经济元对经济实践中的经济实体的描述更加富有表现力。这种表现力首先体现在经济元是生产主体和客体的有机统一体这一事实上。无论是古典经济学中的消费者和生产者，还是新兴古典经济学中的消费—生产者，他们在某一特定的生产过程中都只能充当生产主体或客体的确定角色。然而在现实经济中，生产主体与客体的分离不再是金科玉律。经济现实中的某些产业不只由企业进行生产，过去意义上的消费者在消费的同时也在生产；在某些产业部门，甚至是由消费者作为生产主体，而企业只充当运营中介系统的角色。这些情况都使过去的产业定义不再适用，不仅如此，产业中的主体构成也出现了质的改变。著名传播学家麦克卢汉在他 1972 年的著作中就提到，"凭借电子技术，消费者将变成生产者"（麦克卢汉 等，1972）；而1970 年托夫勒也预测了类似的现象，并在他 1980 年的著作《第三次浪潮》中提出了象征生产主体与客体有机统一并相互转化现象的"Prosumer"概念。这些预测随着传播技术和新媒体的发展都已成为了现实，并不仅限于信息产业的范围，还存在于体验经济中。层出不穷的全新经济现象虽然对传统经济学理论发起了现实的挑战，却能通过使用经济元概念而得到合理描述。

除此之外，经济元概念还与经济系统的形式化表示一起简化了经济分析中的概念体系。事实上，复杂系统分类的 $(f, \theta, D)$ 相对性准则意味着任何由分类得到的经济元都具有相应的相对性，这是由分类活动与模型中经济元定义的因果联系决定的。尽管这种相对性可能会给经济学分析带来更大的复杂性，但却同时免去了在不同经济系统中反复定义类经济元主体的繁琐与可能引发的理论内部逻辑的不一致性。传统经济学在分析市场时需要定义消费者和企业，并分别用效用函数和生产、成本函数来描述他们的行为；在分析产业组织时又要根据研究需要给出产业和企业的相应定义，然后讨论特定产业内企业间的行为互动；而在讨论国际贸易时又需要首先定义国家……与此不同，系统经济学研究则只需确定某一特定层级上的经济元概念，就能运用经济系统的递推定义，方便而严谨地推出其他相关层级的经济元和经济系统等概念。

## 3.1　经济理论中的经济主体概念

### 3.1.1　新古典经济学生产者与消费者的两分

新古典经济学成形于马歇尔时期，美国经济学家阿瑟（Arthur）将马歇尔设想的经济世界形容为"稳定因而安全，变化缓慢和连续。不太匆忙，不存在太多可图利益……规矩地、文雅地运行"。而在这样的经济世界中，存在着两大类经济实体，即生产者（企业）和消费者（家庭）。企业和家庭在特定市场上分别担任供给商品和为自身需求购买商品的角色。两类经济实体都是价格接受者，在给定市场价格的情况下各自做出行为决策。其中市场上所有的生产供给决策完全由企业完成，与需求相关的购买行为决策则由相互独立的消费者根据自身需求做出。这种分散化独立决策的分析思路从某种意义上来说提供了描述市场复杂运作过程的一种有效方法。这种分散化决策的思想在新古典经济学的公理化基础理论———一般均衡理论中也得到了完全体现。

一般均衡理论关注经济的一般均衡。一般均衡是指所有商品市场同时达到供需平衡状态，均衡由与每种商品一一对应的一组价格来描述。一般均衡模型中，生产部门理论以企业供给决策为基础，需求理论则与家庭购买决策直接联系。企业决策通过一个带约束条件的最大化问题来描述，其中约束条件为企业的生产技术集合，而最大化问题则由企业追求利润最大化目标推得。另一方面，家庭需求决策则依赖于在预算集约束下的最大化效用问题的求解。无论对于生产部门还是对于需求群体而言，由个体决策推导部门决策时都假设个体之间相互独立，不存在相互作用。

需要特别注意的是，一般均衡的确在描述市场时将经济个体划分为企业和家庭两大类，并假设他们分别完全地承担供给决策和消费决策。这是分散化独立决策的完全体现。然而，这种经济个体的明确区分是否存在于每一个市场中呢？更进一步地，这种明确划分是否存在于经济全局中？这两方面的疑问使得新古典一般均衡理论对于经济个体分类的隐含假设距离经济现实更加遥远。

## 3.1.2  新兴古典经济学中的消费—生产者

20世纪80年代，以杨小凯为代表的一批经济学家从无法内生分工演进的角度，对新古典经济学中消费者与生产者的明确两分假设进行了批判。

杨小凯在《专业化与经济组织》一书的引论中认为，新古典微观经济学的"纯消费者与纯生产者之两分"意味着，纯消费者与企业都是既定的分工个体，他们消费或生产某种商品的选择在经济活动中是已知的且不变的。这种纯消费者与纯生产者的绝对划分决定了新古典经济学供求分析无法内生地描述分工演进。"所有纯消费者需从企业购得一切物品，他们不能自给且不能选择专业化水平和自足程度。"❶

杨小凯还更进一步指出，纯消费者与纯生产者两分的假设同时还避免了对生产组织的讨论和刻画。"这种新古典两分法导致一种特定的市场结构，即企业是现成的，但我们不知道它们为什么存在又如何由分工产生。"因此，从新古典经济学的分析中，人们无从得知"经济为什么会如此演进"，尤其是经济组织如何"从一种只有几家内部组织极其简单且只生产消费品的企业的状态，演进为具有生产消费品、半成品和中间产品的企业，且每个企业都具有内部分层组织的状态"。❶

---

❶ 杨小凯. 分工与经济组织——一种新兴古典微观经济学框架[M]. 北京:经济科学出版社,1993.

当然，这种两分假设对于新古典经济学来说是合理的，因为新古典经济学家们关注的是资源配置问题；但这种处理对于试图内生分工演进和经济组织的研究来说却并不合适，因为它在假设中就将分工与经济组织抽象掉了。

正因为如此，《专业化与经济组织》一书在构建内生分工的均衡模型时就提出了一种新的经济个体，即消费—生产者，以替代新古典经济框架中的纯生产者和纯消费者（杨小凯，1993）。这是"新兴古典经济学框架"区别于现代新古典经济学框架的重要特征之一。

在一个最简单的拥有两种商品 $x_1$、$x_2$ 和 $n$ 个消费—生产者的新兴古典均衡模型中，最初并不存在分别生产或交换某种产品的确定经济组织模式。即对于任何一种商品 $x_j$ 而言，模型在初始状态下并不确定到底有哪些消费生产者 $i$ 生产并在市场上供给 $x_j$，而哪些则需要在市场上购买 $x_j$。为了确定经济组织模式，每个消费—生产者都首先做出一个超边际决策，选择在经济中自给、供给或消费某种商品。其中选择自给 $x_j$ 的消费—生产者 $i$ 最终与 $x_j$ 市场无关，选择供给或消费 $x_j$ 的市场主体则分别成为 $x_j$ 市场上的供给者和消费者。该模型根据库恩-塔克定理排除了 $i$ 同时购买和售出同一种产品或者同时购入和自给同一种产品的可能。换句话说，一个消费—生产者 $i$ 只可能在成为某种产品 $x_j$ 的自给者、供给者或消费者中选择其一，即一个消费—生产者最终将在某种产品市场上成为确定的供给者或消费者。从这个意义上来说，新兴古典经济框架的消费—生产者在模型中最终将分化成为某产品的自给者、供给者或消费者，并回到新古典经济供需分析中的企业与消费者两分的局面。因为模型中自给者被设定为是不参与市场的。

综上所述，杨小凯提出的消费—生产者在特定市场上仍然将转化为纯消费者和纯生产者或者与市场无关的自给者。与新古典经济学不同的是，消费—生产者是在模型内通过超边际决策选择自己的角色，而非在假设中预先设定。这决定了杨小凯的消费—生产者本质上仍然无法描述现实经济出现的一些生产者与消费者界限模糊的现象，而这些现象却与本书试图讨论的产业组织变革相联系。因而尽管消费—生产者作为模型的经济主体达到了帮助新兴古典经济模型内生专业化和经济组织演进的效果，但它对于本书研究来说，却仍然具有局限性。

### 3.1.3  产消合一者

相对于经济理论讨论市场时对生产者与消费者的明确划分，现实经济中的市场上早就出现了诸多消费者转而承担部分生产活动的现象。这些现象在当时的经济中都属于特例，因此并没有吸引大量经济学家的注意，但它们却被一些社会学家、未来学家捕捉到。然而在今天的经济活动中，过去的特例现象却在信息产业中呈现出"燎原"之势。我们在这一节中将借用托夫勒的"产消合一者"（prosumer，也可译为生产消费者）概念指代这种现象，并对这些现象做简单的介绍和梳理。

尽管生产与消费合一的现象在自给自足为主导经济组织模式的时代曾经十分普遍，但在早期的市场经济中生产者与消费者通常都是不同的个体。因此新古典经济学家和新兴古典经济学的支持者们对市场上经济行为者的描述是合理的。直到 20 世纪 20 年代，这种现实市场上的生产者和消费者的明确分割仍然是普遍现象。然而第一次世界大战后在无线电技术商业化的过程中，无线电设备和无线电广播市场上却存在大量既是消费者同时又进行生产的"产消合一者"。事实上，这些"产消合一者"早在第一次世界大战之前就是无线电业余爱好者，当时的数量就达几千人。他们在当时已经开始"使用晶体收音机发送和接收无线电信号"，其中有许多自学成才的年轻工程师能够组装设备并探测远距离信号。而在商业电台出现后，这些业余爱好者们与商业电台共同构成了广播内容市场的生产群体并与后者相互竞争。虽然这些"产消合一者"在《1924 年无线电法案》颁布之后被"驱逐"出市场，但他们作为首次在商业市场上出现的消费与生产合一的经济个体有重要的意义。这一时期的无线电爱好者们从某种意义上来说，是今天大量活跃于信息内容市场的"产消合一者"的电子时代版。这正如麦克卢汉所说的，"凭借电子技术，消费者将变成生产者"。这些由电子技术造就的"产消合一者"与当下的各种新媒体市场紧密联系在一起。唐·泰普斯科特（Don Tapscott）在他 1995 年的著作《数字经济》一书中也详细讨论了这个概念，并称为"Prosumption"（产消合一或生产消费）。泰普斯科特在 2006 年的《维基经济学》一书中更是提出"维基经济学"的概念，以描述与电子信息产品市场上的产消合一现象相一致的新的经济模式，即"大规模协作"。将产消合一与新的经济理论结合在一起。

事实上，产消合一者概念的正式提出与服务市场或者体验经济的早期形式是相联系的。1980年，"产消合一者"作为第三次浪潮的主要内容之一在美国著名的未来学家托夫勒《第三次浪潮》（1984）一书中提出。书中以"产消合一者"为题，用一章的篇幅介绍并讨论了当时美国社会、经济生活中出现的"产消合一"现象。其中的经济现象包括1956年AT&T引进电子技术后消费者自己进行长途电话拨号，1974年石油危机后出现自助加油站，以及1978年威尔普尔公司开通"800-"客服电话为用户自助修理电器提供技术指导等，它们被称作"自己动手"。如果说托夫勒的"产消合一者"还只是商家在提供产品或服务时将生产活动部分转移给用户或者提供用户定制的个性化产品，并没有在本质上令"消费者"跨越被动消费的界限，那么"体验经济"则是商家引导"消费者"主动体验以创造增加值，真正地将"消费者"转化为"合作生产者"，甚至最终将他们转化成为"维基经济学"中完全的产品协作创造者。

考察当代经济，"产消合一"现象随着电子和信息通信技术的发展以及体验经济的兴起而越来越普遍。博客、播客、社交网站、网络游戏、微博等信息产品市场都是"产消合一者"活跃的领域。而在广泛包括了娱乐消遣、教育和审美等因素的体验经济中，各种互动体验使得生产者与消费者界限也日渐模糊。

这些"产消合一"现象的日益普遍，对经济学理论中描述经济主体的"消费者"一词产生了越来越大的威胁，进而也开始对基于消费者、生产者分割的市场理论提出了挑战。本书为在产业组织模型中尽可能地涵盖由"产消合一者"带来的产业组织变革，提出经济系统模型的基本单位经济元是生产主体和客体的统一体。

## 3.2　经济系统模型中的经济元

如前面所述，新古典经济学和新兴古典经济学理论在研究市场时使用的经济主体概念，本质上都是明确划分的生产者与消费者，或者供给者与消费者；

而现实中由于电子技术和信息通信技术的发展和体验经济的兴起，现实经济中市场上生产者（或供给者）与消费者的界限正趋于模糊，出现了大量"产消合一者"。与此相应地，昝廷全在他的学术博客上提出，在农产品和工业产品市场上，主体和客体是分离的；在服务市场上，主体和客体是合一的；而特别地，在体验经济中，主体和客体不仅合一，还可能相互转化，这预示着体验经济需要一种新的研究方法（昝廷全，2006）。其中主体和客体可以解释为生产主体和生产客体，即生产者与消费者。这在一定程度上解释了现有经济理论中生产者与消费者明确划分的合理性，因为这些经济理论的提出都是与农产品、工业产品和服务市场的经济现实相联系的。然而在信息市场和体验经济中，已有经济理论所使用的经济主体刻画模式就无法描述主客体合一且相互转化的"产消合一者"和与之相应的产业组织。经济系统的经济元概念则能够胜任。

## 3.2.1  经济元的确定

经济系统模型首先对经济原型中的主体和主体之间的关系进行初步观察，并将观察结果用经济的形式化表示进行梳理，得到原型经济系统：

$$E_0 = (H_0, S_0) = (\{h_{0i} \mid i = 1, 2, \cdots, n\}, \{f_0 \subset H_0^2 \times W\}) \quad (3.1)$$

运用相容关系 $\theta = \varepsilon_1(\cup f_0)$ ❶对 $H_0$ 进行划分❷，得到 $H_0$ 的准商空间 $H_0/\theta$，即

$$H_0/\theta = \{H_{\theta 1}, H_{\theta 2}, \cdots, H_{\theta m}\} \quad (3.2)$$

其中：$H_{\theta i}$ 为 $H_0$ 由相容关系 $\theta$ 产生的最大相容类，相容类 $H_{\theta i}$ 与定义在 $H_{\theta i}$ 的所有关系（记作 $f_{\theta i}$）共同构成一个相容类系统 $E_{\theta i}$：

$$E_{\theta i} = (H_{\theta i}, \{f_{\theta i} \subset H_0^2 \times W \subset H_0^2 \times W\}) \quad (3.3)$$

接着以 $E_{\theta i}$ 为经济元的原型，对每个相容类系统 $E_{\theta i}$ 进行黑箱化，得到经济元 $H_{\theta i}$。对 $E_{\theta i}$ 的黑箱化即以特定方式构建经济系统 $E_\theta = (H_\theta, S_\theta)$。具体步骤如下：

（1）令 $H_\theta = H_0/\theta = \{H_{\theta 1}, H_{\theta 2}, \cdots, H_{\theta m}\}$；

---

❶ $\cup f_0$ 为所有 $f_0$ 序偶集的并。

❷ $\varepsilon_1$ 是泛系相容化算子，$\varepsilon_1(f_0)$ 表示对 $f_0$ 进行自反闭包运算和对称闭包运算后得到的包含 $f_0$ 的最小相容关系。

（2）根据下面规则由 $\{f_0 \subset H_0^2 \times W\}$ 定义 $S_\theta = \{f_\theta \subset (H_0/\theta)^2 \times W\}$：

$\forall < h_{0k}, h'_{0k} > \in f_0$，如果 $h_{0k} \in H_{\theta i}$ 且 $h'_{0k} \in H_{\theta i}$，则令 $< H_{\theta i}, H_{\theta i} > \in f_\theta$；

如果 $h_{0k} \in H_{\theta i}$ 且 $h'_{0k} \in H_{\theta j}$，则令 $< H_{\theta i}, H_{\theta j} > \in f_\theta$；

如果 $h_{0k} \in H_{\theta j}$ 且 $h'_{0k} \in H_{\theta i}$，则令 $< H_{\theta j}, H_{\theta i} > \in f_\theta$；

容易证明，$f_0$ 与新构造的 $f_\theta$ 存在一一对应。

（3）用上面两部中定义的 $H_\theta$ 和 $S_\theta = \{f_\theta \subset (H_0/\theta)^2 \times W\}$ 确定经济系统模型：

$$E_\theta = (H_\theta, S_\theta) = (\{H_{\theta 1}, H_{\theta 2}, \cdots, H_{\theta m}\}, \{f_\theta \subset (H_0/\theta)^2 \times W\}) \quad (3.4)$$

可以看到，在经济系统 $E_\theta$ 中，相容类系统 $E_{\theta i}$ 的硬部 $H_{\theta i}$ 成为经济元，而相容类系统的软部即 $H_{\theta i}$ 上的关系被转化为 $H_\theta$ 上的自反关系。因此，在新构建的经济系统 $E_\theta$ 中，$H_{\theta i}$ 成为一个经济元黑箱，原型经济中 $H_{\theta i}$ 内部的经济关系都在 $E_\theta$ 模型里被抽象掉了。

## 3.2.2 经济元与生产者、消费者、消费—生产者

前面通过构建经济系统模型 $E_\theta = (H_\theta, S_\theta)$ 实现了经济系统分类所得相容类系统 $E_{\theta i}$ 的黑箱化，并得到经济系统模型 $E_\theta$ 的经济元 $H_{\theta i}$。需要说明的一点是，在构建经济系统的整个过程中，并不存在任何关于生产主体和客体分类的假设，因此经济元 $H_{\theta i}$ 具有主体与客体统一的属性。

鉴于经济系统定义的递推性，经济系统模型可用于对各个层级上的经济原型进行建模。设 $E_0 = (H_0, S_0)$ 为国民经济原型，则选定相应分类标准 $\theta$ 而构建起的 $E_\theta = (H_\theta, S_\theta)$ 即国民经济系统模型，其中该模型的经济元 $H_{\theta i}$ 为黑箱化了的产业，而 $S_\theta$ 就是对产业结构的刻画。同理，若用 $E_0 = (H_0, S_0)$ 表示产业经济原型，则通过分类建构的 $E_\theta = (H_\theta, S_\theta)$ 就是产业经济系统模型，经济元 $H_{\theta i}$ 也具有了企业的品格，可以解释为是与企业拥有相同组织水平的各种经济实体。而由经济元主体与客体统一的属性，它既能表示企业又能表示消费者，还能描述产消合一者；与此相对应，产业经济系统模型不仅能刻画传统经济学所定义的产业❶，通常情况下，它与传统经济分析中的市场等价。

---

❶ 用产业经济系统模型刻画传统意义上的产业时，需要特别地选取 $f_0$ 的泛权集为 $D \subset W$。

下面设经济模型为某种产业经济系统，具体讨论经济元主体与客体统一的属性。回顾构建经济系统模型 $E_\theta = (H_\theta,\ S_\theta)$ 的具体过程，选择的分类标准 $\theta = \varepsilon_1(\cup f_0)$ 是经济原型中所有原始经济关系 $\cup f_0$ 的函数。根据经济分类的 $(f,\ \theta,\ D)$ 相对性准则，得到的经济元 $H_{\theta i}$ 的结果会根据原始经济关系的变化而出现不同的属性。事实上，如果对各种产业经济原型分别进行产业经济系统建模，则经济元 $H_{\theta i}$ 可能出现的分类情况与前面提到的不同产业的主客体分离情况将相互对应。

令 $E_\theta = (H_\theta,\ S_\theta)$ 为单一农产品或工业产品的经济系统，其原始经济联系 $S_0$ 至少包括货币流通关系和产品流通关系，则通过分类得到的经济元 $H_{\theta i}$ 至少分为两类：一类 $H_{\theta i}$，总有货币流入和产品流出，对应于原型经济中的供给者或生产者；另一类 $H_{\theta i}$，总处在货币流通关系的始端和产品流通关系的末端，扮演的角色即传统经济分析中所称的消费者。农产品、工业产品经济系统的经济元角色两分现象与农业、工业生产活动中的主客体分离相一致。在这类经济系统模型中，经济元分化为主动的生产主体与被动的生产客体，与新古典经济中企业与消费者的分割假设有同样的模型效果。而当经济原型 $E_0$ 中存在自给自足者时，则由该原型得到的经济元 $H_{\theta i}$ 将分为三类，除去前面介绍的两类之外，还有一类并不与经济模型中其他经济元有任何经济联系，成为孤立元。这种情况下的经济系统模型在某种程度上（经济组织模式方面）与新兴古典经济学描述的单一产品市场等价。

令 $E_\theta = (H_\theta,\ S_\theta)$ 是一个拥有多种工业产品的经济系统。为分别讨论多个产品市场，以生产替代性产品关系为分类标准 $\theta_2$ 对 $H_\theta$ 进行商化，得到 $H_\theta$ 的准商商品空间 $H_\theta/\theta_2$。由于存在多个经济元同时生产多种运用相同技术的产品，因此 $\theta_2$ 是相容关系，而准商商品空间 $H_\theta/\theta_2 = \{H_{\theta 21},\ H_{\theta 22},\ \cdots,\ H_{\theta 2l}\}$ 则是经济系统硬部 $H_\theta$ 的一个覆盖。其中以商品相容类 $H_{\theta 2i}$ 为硬部的经济系统 $E_{\theta 2i} = (H_{\theta 2i},\ S_{\theta 2i})$ 是 $E_\theta$ 的子系统，代表第 $i$ 种商品的产业经济系统。因此必然存在同一经济元 $H_{\theta i}$ 存在于多个商品产业经济系统 $E_{\theta 2i}$ 中，并且在每个 $E_{\theta 2i}$ 上都有属于三种不同角色的可能性，进而参与经济分工。从这个意义上，在多种产品经济系统 $E_\theta$ 中的经济元 $H_{\theta i}$ 与新兴古典经济框架中的消费—生产者等价。

上面分别讨论了描述单个农业或工业产品市场的经济系统模型和描述多种

产品市场的经济系统模型这两种情况。综合上面的分析可知，运用经济系统模型模拟农业或工业产品市场时，由于经济原型拥有生产主体和客体分离的固有属性，建模得到的经济元也相应地体现出纯生产主体、纯生产客体与自给自足者的明确划分。这说明，同样作为对经济个体的刻画，经济系统模型中的经济元与新古典经济框架中的生产者、消费者以及新兴古典经济框架中的消费—生产者在对第一、第二产业的分析模型中表现出类似的解释力。

### 3.2.3　体验经济、网络经济及维基经济模型中的经济元

体验经济由约瑟夫·派恩（B. Joseph Pine Ⅱ）和詹姆斯·吉尔摩（James H. Gilmore）于1999年首先提出（派恩 等，2002）。其中体验被解释为从服务中分离提取的一种新的经济产出类型，而体验经济则是商家通过营造体验而获得收益的情况。在体验经济中，尽管商家为付费客户提供能够产生体验的各种服务，客户为某种体验带来的效用支付费用，但本质上体验的生产者却是客户本身。因此在体验经济中，无法用生产者、消费者或者消费—生产者来指代和描述这里的付费经济主体。经济系统模型中的经济元能够在不附带任何假设的情况下描述体验经济中的付费经济主体。

令 $E_\theta = (H_\theta, S_\theta)$ 是一个体验经济系统模型，它是在对体验经济原型 $E_0 = (H_0, S_0)$ 进行观察后，根据前述步骤构造而成的。根据对体验经济的了解，$S_0$ 中必然包括货币流动关系和引导生产体验关系。$E_\theta$ 与根据这些关系得到的 $\theta$ 相对应。由此可以预见，$E_\theta$ 经济元 $H_{\theta i}$ 可分为两类：一类 $H_{\theta j}$，总在货币流动关系中属于流入一方，并在引导体验关系中属于引导方；另一类 $H_{\theta i}$，与前者恰好相反。由于在体验经济中体验作为经济提供品大多无法由引导体验者或体验者单独生产，因此任何一类 $H_{\theta i}$ 都不属于生产客体。但是作为体验者的经济元 $H_{\theta i}$ 因为体验而产生了主观效用，因此成为货币流出的一方，即付费方。但这类经济元并不同于纯消费者或者选择消费某一产品的消费—生产者，因为他所消费的经济提供品——体验，同时也是由他生产的。从这个意义上来说，这类经济元是生产主体与客体的统一体。尽管在体验经济模型中也存在货币支付和体验的引导者与体验者的区分，但由于体验的生产决策无法由收费者完全承担，该模型与一般均衡或内生分工的均衡模型有本质区别。因为后两者都拥有独立进

行生产决策的经济个体。正因为如此，体验经济中收费经济元与付费经济元之间的经济联系，较均衡模型中生产者与消费者之间的联系更为复杂。

网络产业经济系统模型在经济元分类方面与体验经济系统模型相类似，但经济元之间的联系更为复杂。这里的网络指的是经济网络。所有构成经济网络的经济个体之间存在正的外部性，或者说存在互补性经济关系。网络产业经济学和网络经济学，自 20 世纪 80 年代开始就吸引了国外大批经济学家的关注，并取得了丰硕的研究成果。其中著名网络经济学家奥伊·谢兹在他撰写的教科书《网络产业经济学》中运用传统产业组织理论的分析框架对包括硬件产业、软件产业、航空、电信和广播等在内的网络产业进行了较为系统的分析（奥伊·谢兹，2002）。奥伊·谢兹将网络产业区别于其他产业的特征归纳为：互补性、兼容性和标准、消费外部性、转换成本和锁定，以及生产的显著规模经济性❶。尽管在某些网络产业中，存在购买和消费特定产品的消费者，但由于消费外部性的存在，他们在使用这些产品的同时，也在对产品进行加工。换句话说，这些产业中企业生产的有形产品对于用户来说并不能独立带来全部效用，只有在与其他已经售出的产品及产品用户相互联系时，产品效用才算完整。并且随着其他用户数量的增加，产品效用也随之递增。因此，这些产业中的所谓消费者本质上也是产消合一者。下面运用经济系统模型模拟网络产业经济，并讨论其中的经济元和经济元之间的联系。

用 $E_0 = (H_0, S_0)$ 表示网络经济原型，则 $S_0$ 将由以产品交换关系和消费外部性关系为代表的各种经济关系构成。取 $\theta$ 为 $\varepsilon_1(\cup f_0)$，以前述步骤构建网络经济模型 $E_\theta = (H_\theta, S_\theta)$，其中 $E_\theta$ 的经济元为 $H_{\theta i}$。根据前面提到的网络产业特征可知，$E_\theta$ 中包含的经济元 $H_{\theta i}$ 至少可分为两类：一类生产并供给产品；另一类则购买产品，并在产品使用中持续生产产品附加值。这种供给者与产消合一者的划分格局与体验经济系统模型的情况类似。除此之外，网络经济系统模型中的产消合一经济元之间，还存在其他经济系统中并不存在或者并不显著的互动经济关系。

网络产业的相关研究表明，网络产业具有显著的消费外部性，这意味着产

---

❶　[以色列]奥伊·谢兹. 网络产业经济学[M]. 上海：上海财经大学出版社,2002:1.

消合—经济元之间还存在互补关系，即产消合—经济元对于其他的任意一个同类经济元来说都是部分产品效用产生的必要条件。以电话为例，电话产业中的产消合—经济元即平常所说的电话用户。尽管每个电话用户都已经购买了电话机，但电话机的使用却还依赖于同样拥有电话机的另一用户。只有当两个用户同时使用电话进行通话时，电话机的使用才会给两个用户带来效用。网络产业经济学家通常称这种情况为用户之间存在消费外部性，或者说用户之间具有互补关系。这种互补关系就是产消合—者进行生产的基础，也是产品增加值的来源。正是由于互补关系和用户生产的存在，使新古典经济学在使用消费者描述网络产业中的用户时才会产生概念上的歧义并研究过程变得烦琐，进而导致网络产业组织研究同其他产业组织研究之间存在某种不一致性。

与网络产业经济中的产消合—者间的互补性类似，"维基经济学"提及的产消合—者也具有互补性，不过后者所指代的互补性更多地表现在协作生产的过程中，更具有主动性。尽管如此，在经济拓扑结构的意义上，网络经济系统模型与可以类似方式构建的维基经济系统模型是等价的，即两个经济系统模型中经济元都分为两类：一类收费，而另一类付费，其中付费的产消合—经济元之间存在某种互补的经济关系。

## 3.2.4　经济元：主体与客体的统一

在关于经济元的这一节中，前面的三部分已经分别详细阐述了经济系统模型中确定或者定义经济元的一般过程，讨论了经济元在经济系统模型中与生产者和消费者、消费—生产者在各自模型中的等价性，并探讨了经济元在体验经济系统模型、网络经济系统模型和维基经济系统模型中对产消合—者的刻画。

其中，前面在对每个经济原型进行经济系统建模的过程中，都选取了与其他经济理论相同或类似的系统分类标准，这保证了书中所构建的经济系统模型与其他经济模型在对经济原型进行分类时的一致性。这种保证一致性的讨论，已经证明了在生产主体和客体自然分割的农业和工业的经济系统模型中，经济元与生产者、消费者、消费—生产者概念在对经济主体进行描述的意义上是等价的。而在体验经济、网络经济和维基经济领域，前面在保证分类标准一致性的前提下证明了经济元作为产消合—者（大部分研究中称为消费者或用户）

时，经济系统模型能够对经济原型中的货币关系和已被学术界认可的产消者间的互补关系进行忠实描述。

综合这些结论，本节事实上证明了，经济元作为经济系统模型中对现实经济个体进行抽象后得到的概念，是对生产者、消费者和消费—生产者概念的合理延拓，能够在保证理论一致性的情况下用于描述现实中的"产消合一者"。因此，经济元可以被解释为经济生产主体与客体的统一。

# 4　中介系统的泛权场网模型与中介系统演进

## 4.1　中介系统的泛权场网模型：形式与推导

第 2 章和第 3 章基本完成了经济系统建模分析的第一步和第二步，即对经济原型进行分类，和将分类得到的每一个等价类（或相容类）为经济系统模型的经济元，并对经济元内部信息进行黑箱化处理。

本章将按照分析框架进行第三个步骤的建模，即用选定的经济元构建与经济系统原型对应的更高层次的经济系统模型。这一步骤的关键在于通过推导确定经济系统模型的软部，即经济元之间的关系。中介系统就是软部的重要构成元素。由于本书的研究取向强调中介系统，因此本章着重对由经济元间的中介系统进行模型刻画。建模过程大致如下：首先，用经济元定义经济系统模型硬部，并确定软部和中介系统的泛权场网表示；其次，构建广义资源空间，并定义经济系统在广义资源空间上的资源位和资源位的连通性；最后，根据中介系统定义，由资源位连通性推导出经济元之间的连通性，并据此构建经济系统的中介系统泛权场网。

完成静态中介系统泛权场网模型之后，文章内容将转向讨论中介系统泛权场网的动态演进过程。根据中介系统的定义，中介系统的本质在于经济元的连通性和与之相应的资源位的连通性。因此，中介系统泛权场网的演进必然与广义资源空间中经济元资源位连通性的演进存在对应关系。根据这一因果关系，4.2 节将首先讨论资源点连通性变化与技术改革之间的互动关系，接着探讨经济元连通性与技术改革的关系，借此阐述中介系统泛权场网的演进。

## 4.1.1　中介系统泛权场网表示

回顾第 3 章中对经济元进行黑箱化的过程。该过程本质上就是对相容类内部经济体之间的联系进行宏观化处理的过程。首先，运用经济系统的分类方法对经济原型 $E_0 = (H_0, S_0)$ 的硬部进行分类，得到相容类 $H_{\theta i}$；其次，把相容类 $H_{\theta i}$ 作为经济元构建更高层次经济系统 $E_\theta = (H_\theta, S_\theta)$，并令相容类 $H_{\theta i}$ 中所有原始经济体的经济联系为经济系统模型软部中的自反关系；最后，推导经济系统模型 $E_\theta = (H_\theta, S_\theta)$，其中相容类 $H_{\theta i}$ 内部不再包含其他经济个体和具体组织结构，成为一个黑箱化了的经济元。注意，实际上经济元的黑箱化过程也是一个构建经济系统模型的过程。尽管这个过程对经济系统模型的要求仅限于相容类 $H_{\theta i}$ 在其中成为一个黑箱，而并不要求模型的软部在何种意义上忠实于经济原型。事实上，中介系统泛权场网的推导就相当于对相容类 $H_{\theta i}$ 进行黑箱化时推导经济系统模型软部的过程。特别地，在构建中介系统泛权场网时，不仅要求在得到的经济系统模型中相容类 $H_{\theta i}$ 是一个黑箱，还要求模型的软部及中介系统场网准确地反映经济系统在资源配置方面的各种联系。因此，在对中介系统泛权场网进行推导之前，首先给出推导所需的经济系统模型框架和中介系统泛权场网的形式化表示。

经济系统模型的构建过程可以总结为以下几步。第一步，观察经济原型。设 $E_0$ 为需要模拟的经济原型。对 $E_0$ 进行观察，并根据经济系统的形式化表示，将 $E_0$ 中的经济主体和主体之间的原始经济联系进行梳理，得到原始经济的系统经济学形式化表示：

$$E_0 = (H_0, S_0) = (\{h_{0i} \mid i = 1, 2, \cdots, n\}, \{f_0 \subset H_0^2 \times W\}) \quad (4.1)$$

第二步，选取适当的分类标准对经济原型中的经济主体集合进行分类。一般地，取分类标准为 $\theta = \varepsilon_1(\cup f_0)$。其中 $\cup f_0$ 为所有原始关系 $f_0$ 的并，$\varepsilon_1$ 是泛系相容化算子，因此 $\theta$ 是由所有原始关系诱导的一个相容关系。用 $\theta$ 对 $H_0$ 进行划分，得到 $H_0$ 的一个与 $\theta$ 相对应的覆盖，即 $H_0$ 的准商空间

$$H_0/\theta = \{H_{\theta 1}, H_{\theta 2}, \cdots, H_{\theta m}\} \quad (4.2)$$

其中：$H_{\theta i}$ 为 $H_0$ 由相容关系 $\theta$ 产生的最大相容类。

第三步，以 $H_{\theta i}$ 为经济元，构建经济系统模型 $E_\theta = (H_\theta, S_\theta)$。令

$$H_\theta = H_0/\theta = \{H_{\theta 1}, \ H_{\theta 2}, \ \cdots, \ H_{\theta m}\} \tag{4.3}$$

根据某种规则由，$\{f_0 \subset H_0^2 \times W\}$ 推导 $S_\theta = \{f_\theta \subset (H_0/\theta)^2 \times W\}$。要求推导所得 $S_\theta$ 不包含任何经济元 $H_{\theta i}$ 内部经济个体原型之间的关系。

最后，以第二步所得准商空间 $H_0/\theta$ 为硬部，以第三步所得 $S_\theta$ 为软部，构建经济系统模型：

$$E_\theta = (H_\theta, \ S_\theta) = (\{H_{\theta 1}, \ H_{\theta 2}, \ \cdots, \ H_{\theta m}\}, \ \{f_\theta \subset (H_0/\theta)^2 \times W\}) \tag{4.4}$$

至此，根据经济系统原型 $E_0$ 和分类标准 $\theta$ 构建了经济系统模型 $E_\theta = (H_\theta, S_\theta)$。

请注意，这个经济系统模型 $E_\theta = (H_\theta, S_\theta)$ 实际上并不完整，因为上述构建过程并没有具体给出其软部 $S_\theta$ 的推导过程。本章将讨论 $S_\theta$ 的一种推导方法。根据本书的研究取向，本章将从中介系统的角度推导 $S_\theta$，并讨论 $S_\theta$ 的演进。

下面讨论经济系统 $E_\theta = (H_\theta, S_\theta)$ 内中介系统的表示。本书开篇就曾在系统经济学，经济系统概念和昝廷全提出的广义传媒概念的基础上提出中介系统的一种定义。即在经济系统中，经济元之间物质、能量、信息资源的流通都通过相应的传递物质、能量、信息的渠道网络实现。这些渠道网络形成的有机整体称作中介系统。这里暂时撇开中介系统的具体形式，考察中介系统可能具有的抽象结构。正如第 1 章中提到的，中介系统的本质在于实现资源连通，而无论是资源点的连通，还是经济元的连通，都是二元关系。由此可以大致确定，中介系统可以解释为经济元之间的二元关系的集合，即

$$\{< h_{\theta i}, \ h_{\theta j} > | \ h_{\theta i}, \ h_{\theta j} \in H_\theta\} = \{f \subset H_\theta^2 \times W\} \tag{4.5}$$

因此，中介系统与经济系统 $E_\theta = (H_\theta, S_\theta)$ 的软部 $S_\theta$ 有相同的形式，中介系统是经济系统软部的一种表示。为了叙述方便，根据经济系统泛权场网模型的定义构建 $E_\theta = (H_\theta, S_\theta)$ 的影系统 $E'_\theta$。令 $\{f_M \subset H_\theta^2 \times W\}$ 为中介系统，$E'_\theta$ 代表以中介系统为软部的经济系统模型，其中 $H'_\theta = H_\theta$，$S'_\theta = \{f_M \subset H_\theta^2 \times W\}$，则 $E'_\theta$ 可以表示为

$$E'_\theta = (H'_\theta, \ S'_\theta) = (H_\theta, \ \{f_M \subset H_\theta^2 \times W\}) \tag{4.6}$$

中介系统 $\{f_M \subset H_\theta^2 \times W\}$ 为定义在 $E'_\theta$ 硬部 $H'_\theta$ 上的泛权网。

作为二元关系的集合，中介系统中的任何一个元素 $f_M$ 都可以用二元关系的表现形式进行表示。除了一直使用的形如式（4.5）的序偶表示外，$f_M$ 还可

以表示为矩阵或者图形。

设 $H_\theta$ 为有限集，$f_M$ 是中介系统的一个元素，称作中介关系，则对应与关系 $f_M$ 有一个关系矩阵❶，即

$$M_{f_M} = \left[ x_{ij} \right]_{k \times k} \tag{4.7}$$

其中

$$x_{ij} = \begin{cases} 1, & < h_{\theta i}, \ h_{\theta j} > \in f_M \\ 0, & < h_{\theta i}, \ h_{\theta j} > \notin f_M \end{cases} \tag{4.8}$$

$$(i, j = 1, 2, \cdots, m)$$

当 $H_\theta$ 为有限集时，$f_M$ 还可以用图形来表示。首先，在平面上做出 $m$ 个结点，分别记作 $h_{\theta 1}$，$h_{\theta 2}$，$\cdots$，$h_{\theta m}$。如果 $h_{\theta i} f_M h_{\theta j}$（即 $< h_{\theta i}$，$h_{\theta j} > \in f_M$），则可自结点 $h_{\theta i}$ 至结点 $h_{\theta j}$ 作一有向弧，箭头指向 $h_{\theta j}$，否则不作任何弧线。由此可以得到，表示 $f_M$ 的图形称作 $f_M$ 的关系图。由于关系图只表达结点之间的邻接关系，因此关系图中结点的具体位置及弧线长短都不表示任何特殊意义，与关系无关。

## 4.1.2  由广义资源空间推导中介系统泛权场网

4.1.1 节给出了中介系统的泛权场网形式化表示，本节将阐述从经济系统资源位连通性推导中介系统泛权场网。正如文章开篇介绍的，系统经济学主要研究的是经济过程"资源→生产→分配→交换→消费→环境"中的人与人、人与自然之间的关系。因此系统经济学在对经济系统进行建模的同时，必然引入一个广义资源空间，并将广义资源空间与经济系统通过资源位概念相联系，以此刻画经济系统运作时资源的配置、流动和整合。根据定义，中介系统本质上就是资源流通渠道在经济系统中的体现。为构建中介系统泛权场网，首先给出广义资源空间和资源位概念的形式化表示。

设 $R = \prod R_j$ 是广义资源空间，其中 $j = 1, 2, \cdots, n$ 表示广义资源种数。撑起广义资源空间的各种资源实际上也构成一个系统，称其为广义资源系统 RE，它可以形式化地表示为

---

❶ 左孝凌,李为鉴,刘永才. 离散数学[M]. 上海:上海科学技术出版社,2006:108.

$$RS = (\{R_j\}, \{f \subset R^2 \times W_R\}) \tag{4.9}$$

对于广义资源系统各部分具体含义，将在资源连通性之后进行讨论。

引入广义资源空间和广义资源系统后，需要在它们与经济系统模型之间建立联系。资源位的概念就是为了达到这个目的而定义的。在由中介系统诱导的经济系统 $E'_\theta = (H'_\theta, S'_\theta) = (H_\theta, \{f_M \subset H_\theta^2 \times W\})$ 中，经济元 $H_{\theta i}$ 的存在资源位是指广义资源空间 R 中能够被 $H_{\theta i}$ 实际占据、利用或适应的部分，可以表示为 $EN(H_{\theta i})$。则经济系统与广义资源空间之间存在一个存在资源位映射 $\varphi: H_\theta \to R$，它将经济系统中的每一个经济元 $H_{\theta i}$ 与经济元的存在资源位 $EN(H_{\theta i})$ 相对应，即

$$\varphi(H_{\theta i}) = EN(H_{\theta i}) \tag{4.10}$$

如果将资源位映射表示为关系的形式，则有 $\varphi \subset H_\theta \times R$，其中 $\varphi$ 由形如 $< H_{\theta i}, EN(H_{\theta i}) >$ 的序偶组成，那么资源位可以用资源位映射和经济元共同表示，即

$$EN(H_{\theta i}) = H_{\theta i} \circ \varphi \tag{4.11}$$

资源位概念和相应的资源位映射 $\varphi$ 所能达到的效果并不只限于将经济元 $H_{\theta i}$ 与存在资源位 $EN(H_{\theta i}) = H_{\theta i} \circ \varphi$ 联系在一起。实际上通过对 $\varphi$ 和资源系统、经济系统上的关系进行某种运算，资源位概念最终能够实现广义资源系统和经济系统上的对应结构的相互联系。因此，资源位概念和资源位映射 $\varphi$ 就相当于广义资源系统与经济系统之间的沟通桥梁。只有引入了与经济系统紧密联系的广义资源系统之后，经济系统模型才能够刻画经济过程中的资源配置、流通和整合过程。于是在本章的分析中，我们的经济系统模型至少应当包含两大系统和一个系统间的映射，即经济系统 $E'_\theta = (H'_\theta, S'_\theta) = (H_\theta, \{f_M \subset H_\theta^2 \times W\})$、广义资源系统 $RS = (R = \prod R_j, \{f \subset R^2 \times W_R\})$，以及资源位映射 $\varphi: H_\theta \to R$。在这个扩展后的经济系统模型基础上，本节的主要任务可以表述为由广义资源系统上的连通关系和资源位映射推导出经济系统上的连通关系（即中介系统泛权网）。

### 4.1.2.1 连通性与系统资源

下面首先讨论广义资源系统上的资源连通性和系统资源。客观世界是由物

质、能量和信息三大要素构成的。因此，可以从构成客观世界的物质、能量、信息三大要素的角度对广义资源进行分类，并建立相应的广义资源系统 $RS = (R = \prod R_j, \{f \subset R^2 \times W_R\})$。根据上述三要素分类标准 $\theta_R$，构造广义资源空间的一个覆盖

$$R/\theta_R = \{R_M, R_E, R_I\} \qquad (4.12)$$

由覆盖的定义，它满足

$$R_M \cup R_E \cup R_I = R \qquad (4.13)$$

不仅如此，由经济实践可知，几乎大部分资源都是由物质、能量和信息三大要素构成的。因此有 $R_M \cap R_E \neq \varnothing$，$R_E \cap R_I \neq \varnothing$，$R_M \cap R_I \neq \varnothing$，其至 $R_M \cap R_I \cap R_E \neq \varnothing$。令广义资源空间中的资源点为 $r = (r_1, r_2, \cdots, r_n)$，则对于任意由三大要素构成的资源点 r，它可以形式化地表示为三大要素的线性组合，即

$$r = \alpha \cdot r|_{R_M} + \beta \cdot r|_{R_E} + \gamma \cdot r|_{R_I} \qquad (4.14)$$

将资源点 r 的三大要素表示运用于渠道定义，则资源点之间的物质、能量、信息沟通渠道可以解释为资源点相应要素组成部分之间的沟通渠道。下面以信息沟通渠道和信息连通性为例。

**定义 4.1（信息渠道与信息连通性）**

在广义信息资源空间 $R_I$ 中，若两个资源点 $r_i$ 和 $r_j$ 之间存在信息的沟通渠道，则称 $r_i$ 和 $r_j$ 是信息连通的，并记为 $< r_i, r_j >$。所有资源点之间的信息连通序偶形成了广义资源空间上的信息连通关系，记为 $g_I$。

同理，可以分别定义广义物质资源空间 $R_M$ 上的物质连通性、物质连通关系 $g_M$ 和广义能量资源空间 $R_E$ 上的能量连通性和能量连通关系 $g_E$。这些资源点沟通渠道分别基于资源点的不同要素组成部分，构成的连通关系也限于相应的元素资源空间中。将这些与物质、能量、信息元素资源空间相对应的资源连通性统称为狭义连通性，因为它们都只代表广义资源连通性的某个方面。更一般地，在资源点物质、信息、能量这三大元素的沟通渠道和连通性的基础上，给出广义资源空间 $R = \prod R_j$ 上的广义资源连通性。

**定义 4.2（广义资源连通性）**

在广义资源空间 $R = \prod R_j$ 中，如果任意两个资源点 $r_i$ 和 $r_j$ 之间存在物质、

能量、信息沟通交流的渠道，则称 $r_i$ 和 $r_j$ 是连通的，并记为 $< r_i, r_j >$。所有资源点间的连通序偶构成资源连通关系 $g \subset R^2 \times W_R$。

显然，直到明确定义了广义资源连通关系 $g \subset R^2 \times W_R$，才提到推导三大元素广义资源系统软部的具体方法，并构建了一个三大元素广义资源系统 $RS = (\{R_M, R_E, R_I\}, \{g \subset (R/\theta_R)^2 \times W_R\})$。与经济系统的分类相类似的是，即使基于共同的广义资源空间原型 $R = \prod R_j$，也可能由于分类标准的差异而形成不同的广义资源系统模型。由不同分类标准得到的广义资源系统模型，适应于资源位理论中不同角度的具体研究。事实上，广义资源的完整刻画正是由各种广义资源系统的各个部分共同完成的。如果说本小节前半部分构建的 $RS = (\{R_M, R_E, R_I\}, \{g \subset (R/\theta_R)^2 \times W_R\})$ 对于研究广义资源的连通性而言最为合适，那么后半部分将通过另一个模型解释广义资源的分类和系统资源概念。

**定义 4.3（广义资源空间的资源分类）**

广义资源空间 $R = \prod R_j$ 中，以所有边界清晰的广义资源集合为硬部，构建广义资源系统 $RS'$，即

$$RS' = (R_H, R_S) = (\{R_{Hk} \mid k = 1, 2, \cdots, n\}, \{f_{R_S} \subset R_H \cup (R_H)^2 \times W\}) \quad (4.15)$$

其中：$R_H$ 和 $R_S$ 分别代表硬资源集合和软资源集合。软资源 $R_S$ 又可分为两类：第一类软资源用特定硬资源的泛权场 $\{f_{R_S} \subset R_H \times W\}$ 表示；第二类软资源称为系统资源，用泛权网表示，即 $\{f_{R_S} \subset (R_H)^2 \times W\}$，记作 $SR$。

由此，先后得到了广义资源连通性关系 $g \subset R^2 \times W_R$，和基于 $RS' = (\{R_{Hk} \mid k = 1, 2, \cdots, n\}, \{f_{R_S} \subset R_H \cup (R_H)^2 \times W\})$ 的系统资源 $\{f_{R_S} \subset (R_H)^2 \times W\}$。

## 4.1.2.2 资源连通诱导的经济元连通概念

回顾前面已经构造的扩展经济系统模型模块，它们包括经济系统 $E'_\theta = (H'_\theta, S'_\theta) = (H_\theta, \{f_M \subset H_\theta^2 \times W\})$ 的硬部 $H_\theta$、广义资源系统 $RS' = (\{R_{Hk} \mid k = 1, 2, \cdots, n\}, \{f_{R_S} \subset R_H \cup (R_H)^2 \times W\})$，以及资源位映射 $\varphi: H_\theta \to R$。中介系统的推导还剩下两个主要步骤：一是由资源连通性概念推导经济元的连通性；二是根据经济元之间的连通性构成中介系统。下文将分别阐述这两个步骤。

首先定义与集合元素连通性相一致的经济元的连通性。

**定义 4.4（集合元素的连通性）**

令 $A$ 为给定集合，$g \subset A^2$ 为 $A$ 上的一个相容关系。则对于 $A$ 中任意两个元素 $x$，$y \in A$，如果 $<x, y> \in g$，就称 $x$ 与 $y$ 通过 $g$ 连接，或者 $x$ 与 $y$ 之间具有 $g$ 连通性。

**定义 4.5（经济元连通性）**

$E = (H, S)$ 是一个经济系统，其中 $H = \{H_i \mid i = 1, 2, \cdots, n\}$ 是系统的硬部，$S = \{f \subset H^2 \times W\}$ 是系统的软部。令 $g \subset H^2 \times W$ 是定义在经济系统硬部上的一个相容关系。对于任意两个经济元 $H_i$，$H_j \in H$，如果 $<H_i, H_j> \in g$，则称 $H_i$ 与 $H_j$ 通过关系 $g$ 连通，或者 $H_i$ 与 $H_j$ 具有 $g$ 连通性。

根据定义 4.5，经济元连通性的推导即确定所有与资源位连通序偶 $<r_i, r_j>$ 对应的经济元序偶 $<H_i, H_j>$。

令扩展经济系统模型为 $(E'_\theta, RS', \varphi)$，给定经济系统 $E'_\theta = (H_\theta, S'_\theta)$ 的硬部 $H_\theta$，广义资源系统 $RS' = (\{R_{Hk} \mid k = 1, 2, \cdots, n\}$，$\{f_{R_S} \subset R_H \cup (R_H)^2 \times W\})$ 上由 $\{f_{R_S} \subset (R_H)^2 \times W\}$ 确定的资源点连通性和资源位映射 $\varphi: H_\theta \to R$。已知条件资源位连通序偶与推导目标经济元序偶分别是经济元集合 $H_\theta$ 和广义资源空间 $R$ 上的二元组 $<r_i, r_j> \in H_\theta \times H_\theta = H_\theta^2$ 和 $<H_{\theta i}, H_{\theta j}> \in R^2$，两者之间的推导至少需要一个从 $R^2$ 到 $H_\theta^2$ 的映射。然而经济元集合 $H_\theta$ 与广义资源空间 $R$ 之间目前只定义有一个联系单个经济元 $H_{\theta i}$ 与广义资源点集合 $\{r_{\theta ij}\}$ 的映射 $\varphi: H_\theta \to R$。由分析可知，首先需要根据资源位映射 $\varphi: H_\theta \to R$ 构建一个从 $R^2$ 到 $H_\theta^2$ 的映射。

记新映射为 $\psi: R^2 \to H_\theta^2$，其对应规则如下：

对于任意资源连通序偶 $<r_i, r_j> \in R^2$，如果存在一个经济元 $H_{\theta i}$ 使得 $r_i \in \varphi(H_{\theta i})$ 和另一个经济元 $r_j \in \varphi(H_{\theta j})$，则新映射 $\psi$ 将 $<r_i, r_j>$ 与满足要求的两个经济元组成的序偶 $<H_{\theta i}, H_{\theta j}>$ 相联系。即 $\psi(<r_i, r_j>) = <H_{\theta i}, H_{\theta j}>$。容易证明，这样构造的新映射 $\psi: R^2 \to H_\theta^2$ 是一个一一映射，且序偶中每个元素的对应关系满足资源位映射 $\varphi: H_\theta \to R$。

推导过程转化为已知资源位连通序偶 $<r_i, r_j> \in R^2$ 与刚构造的一个映射 $\psi: R^2 \to H_\theta^2$，求与 $<r_i, r_j>$ 相对应的经济元序偶 $<H_{\theta i}, H_{\theta j}> \in H_\theta^2$。显然，

对于任一资源位连通序偶 $< r_i, r_j > \in R^2$，由映射 $\psi: R^2 \rightarrow H_\theta^2$ 的对应规则可知，它在映射 $\psi$ 下的像 $\psi(< r_i, r_j >) = < H_{\theta i}, H_{\theta j} >$ 就是所求的经济元连通序偶。经济元连通性 $< H_{\theta i}, H_{\theta j} >$ 的推导完成。

进一步地，由所有这样求得的序偶 $< H_{\theta i}, H_{\theta j} > \in H_\theta^2$ 所构成的集合就是一个经济元连通关系 $f \subset H_\theta^2$，即系统软部 $\{f_M \subset H_\theta^2 \times W\}$ 的一个元素。因此根据经济元连通性的推导，能够获得经济系统软部的构造，进而完成经济系统模型 $E'_\theta = (H'_\theta, S'_\theta) = (H_\theta, \{f_M \subset H_\theta^2 \times W\})$。容易证明，这样推导得到的经济系统软部 $\{f_M \subset H_\theta^2 \times W\}$ 就是与资源连通性相对应的中介系统。

### 4.1.2.3 由资源连通构建中介系统

下面总结本节的主要定义和推导步骤，概要地阐述中介系统场网表示的构建和推导过程。

本节介绍的中介系统模型推导，是特定经济系统之软部的一种推导方式。推导的模型基础是前两章建构的经济系统形式化表示 $E_\theta = (H_\theta, S_\theta)$。其中经济系统的硬部 $H_\theta$ 及其经济元 $H_{\theta i}$ 已经根据特定分类标准 $\theta$ 由经济原型 $E_0 = (H_0, S_0)$ 推导得到。根据前面给出的中介系统定义，中介系统可以通过广义资源空间中的资源点连通性推导得到。因此，中介系统模型推导过程大致包括以下几项。

（1）根据经济原型 $E_0 = (H_0, S_0)$ 的资源环境，构建广义资源空间 $R$、广义资源系统 $RS$，以及将它们与经济系统模型相联系的资源位映射 $\varphi$；在广义资源系统 $RS$ 中，定义狭义资源连通性、广义资源连通性和系统资源。

（2）将经济系统 $E_\theta = (H_\theta, S_\theta)$、广义资源系统 $RS$ 和资源位映射 $\varphi$ 看作一个模型整体，称作经济系统扩展模型。在该模型中，根据资源位映射 $\varphi$ 构造一个将资源连通序偶 $< r_i, r_j > \in R^2$ 与经济元序偶对应的新映射 $\psi: R^2 \rightarrow H_\theta^2$，由该映射推导出经济元连通性序偶 $< H_{\theta i}, H_{\theta j} > \in H_\theta^2$。

（3）所有由广义资源连通序偶推导出的经济元连通序偶 $< H_{\theta i}, H_{\theta j} > \in H_\theta^2$，构成定义在经济系统硬部 $H_\theta$ 上的连通关系集合，即中介系统经济系统 $\{f_M \subset H_\theta^2 \times W\}$。中介系统 $\{f_M \subset H_\theta^2 \times W\}$ 就可以作为 $E_\theta = (H_\theta, S_\theta)$ 软部的一种形式，而以中介系统为软部的经济系统又称内生中介系统的经济系统，其形

式化表示为 $E'_\theta = (H'_\theta, S'_\theta) = (H_\theta, \{f_M \subset H^2_\theta \times W\})$。

## 4.2　中介系统的演进

中介系统为经济系统提供物质、能量和信息的沟通渠道，是经济活动的基础。中介系统的构成元素在现实中的表现形式多种多样，如物流系统、石油输送系统、移动通信网络、金融系统等。这些中介系统元素都在相应的经济学领域中得到过经济学家们的关注和研究。而中介系统是由这些中介系统元素和它们之间的关系共同构成的有机整体，所以对中介系统的研究不仅包括对具体中介系统元素作为独立经济网络的经济影响，还强调要对这些经济网络通过某些联系有机组成的整体进行系统地讨论与研究。采用中介系统视角的经济研究把具体经济网络（即某个中介系统元素）的产生与发展看作中介系统整体的发展与演进。因此，某个中介系统元素的变革与发展同时也是中介系统演进的过程。

中介系统的演进在历史发展的不同阶段呈现出不同的特点，并在某些特殊历史阶段中曾发生大范围的扩张与升级。如果将这些中介系统的显著演进过程放回到经济史的大背景中进行考察，就会发现，中介系统的变革与科学技术的集中商业化在时间上频繁重叠。而每次中介系统变革与科学技术的集中商业化，都会引发特征显著的经济发展阶段。为了尽可能集中而完整地描述中介系统的演进过程，作者将中介系统的演进与科学技术的集中商业化过程相联系。后面将在特定技术变革将推动中介系统集中演进这一假说的前提下，讨论中介系统演进的传导机制。

传统经济学研究的许多领域都以各自的方式对科学技术与经济的关系进行过讨论和描述。科学技术推动经济发展的观念在经济史学界很早就存在。发展经济学家曾对科学技术进行分类，并称其中具有广泛性、普及性和能够引发其他创新❶的一类科学技术为通用目的技术（General Porous Technology，GPT），还就历史上几种 GPT 对经济带来的影响进行了大量的经验研究。新古典经济

---

❶　根据《经济增长手册》第 18 章《通用目的技术》第 1187 页上关于通用目的技术的特征的论述总结。

学和新兴古典经济学的微观分析都对技术进行了刻画和必要的假设，但其中所涉及的技术大多是具体企业的生产技术。以新古典经济学的一般均衡模型为例，一般均衡模型对技术的描述出现在企业生产和供给决策的讨论中，模型通过企业的技术集刻画了代表企业的生产技术水平，并隐含地假定技术条件不变。其他微观经济模型也大多假设技术条件不变，并通过生产函数的具体形式描述企业生产技术。系统经济学在分析产业经济系统时提出，知识积累和技术创新会对产业结构产生三方面影响，包括产生新的主导产业、推动经济增长和产业升级，以及推动总体生产率的提高（昝廷全，2002）。

与上述的大部分经济分析模型不同，本书倾向于关注与中介系统演进有直接关联的技术，即新增长理论提出的 GPT。《经济发展手册》中的一章以"通用目的技术"为题，详细讨论了 GPT 的主要特征，文章综述了电力、IT 技术相关实证研究的结果（Jovanovic et al, 2005）。文中提出 GPT 的三大基本特征：一是具有普及性，指 GPT 可以扩散至经济生产的大部分部门；二是具有改进性，即随着时间的推移，GPT 会发展得越来越好、越来越成熟，并且将持续降低其使用者的使用成本；能够引发大量创新行为是 GPT 的第三大特征，具体说来，就是 GPT 可以使新产品或新程序的发明和生产更容易。当然 GPT 还拥有其他的一些重要特征，但这三大特征是某一技术被称为 GPT 的必要条件。下面借鉴 GPT 研究的已有结论具体讨论 GPT 如何引发中介系统演化。

对中介系统演化进行讨论与中介系统的推导一样，需要在扩展的经济系统模型中进行。为了避免过多下标造成模型表示的混乱，本节尽可能用简单的符号和式子来刻画经济系统模型。令经济原型为 $E_0 = (H_0, S_0)$，则据其构建的扩展经济系统模型表示为三元组 $(E_\theta, RS, \varphi)$。在扩展经济系统模型三元组中，$E_\theta = (H_\theta, S_\theta)$ 是运用分类标准 $\theta$ 构建的经济系统，其中 $H_\theta = H_0 / \theta = \{H_{\theta 1}, H_{\theta 2}, \cdots, H_{\theta m}\}$ 为经济系统的硬部，而 $S_\theta = \{f_M \subset H_\theta^2 \times W\}$ 为经济系统的软部，又称为 $E_\theta$ 的中介系统。三元组中的第二个元素 $RS = (R, \{f \subset R^2 \times W_R\})$ 是对经济原型所处资源环境与资源整合关系的刻画，称为广义资源系统；其中 $R = (R_H, R_S)$ 是广义资源空间，它可以大致分为硬资源集 $R_H$ 和软资源集 $R_S = \{f_{R_S} \subset R_H \times W_{R_H}\}$；$\{f \subset R^2 \times W_R\}$ 是广义资源空间 $R$ 上的资源整合关系，它的子集

$\{f_{SR} \subset R^2 \times W_R\}$ 表示资源点之间的沟通渠道，称作系统资源，也属于软资源的一种。资源位映射 $\varphi: H_\theta \to R$ 将经济系统 $E_\theta = (H_\theta, S_\theta)$ 与广义资源系统 $RS = (R, \{f \subset R^2 \times W_R\})$ 相互联系，是扩展经济系统模型的第三个元素。根据资源位映射，可以定义经济系统与广义资源系统中对应元素的其他映射关系。

上述扩展经济系统模型 $(E_\theta, RS, \varphi)$ 中，中介系统 $S_\theta = \{f_M \subset H_\theta^2 \times W\}$ 是经济系统 $E_\theta = (H_\theta, S_\theta)$ 的软部，并且通过资源位映射 $\varphi: H_\theta \to R$ 与广义资源系统 $RS = (R, \{f \subset R^2 \times W_R\})$ 的系统资源 $SR = \{f_{SR} \subset R^2 \times W_R\}$ 相互联系。因此，广义资源集 $R$ 与系统资源 $SR$ 的变革都会导致中介系统 $\{f_M \subset H_\theta^2 \times W\}$ 的演进。本节着重讨论的 GPT 引发的中介系统演进就是从广义资源系统变革开始的。

## 4.2.1 广义资源系统变革

当 GPT 开始在扩展经济系统模型 $(E_\theta, RS, \varphi)$ 中商业化使用时，经济系统 $E_\theta$ 所对应的广义资源系统 $RS$ 首先发生变革。变革同时体现在广义资源系统的两大构成部分，即广义资源空间 $R$ 和 $R$ 上的资源整合关系集合中。当 GPT 被广泛而普遍地引入经济系统运作后，广义资源空间 $R$ 上决定资源整合效率的系统资源 $SR = \{f_{SR} \subset R^2 \times W_R\}$ 将最终呈现变革的趋势。

### 4.2.1.1 广义资源空间变革

广义资源空间 $R$ 通常表示为 $R = \prod R_i$，在扩展经济系统模型 $(E_\theta, RS, \varphi)$ 中是广义资源系统 $RS = (R, \{f \subset R^2 \times W_R\})$ 的硬部。$R$ 的每一个维度都代表经济系统所处环境中的一种广义资源。前面在推导中介系统模型时曾经提到，根据广义资源的形态与整合特征，广义资源 $R$ 可以大致分为两大类，分别是硬资源 $R_H$ 和软资源 $R_S$。某种 GPT 被发明并运用于经济实践后，在经济系统对应的广义资源空间中，软资源 $R_S$ 最先发生变化。根据 GPT 的特征，我们推断，在 GPT 作用下，软资源 $R_S$ 的变革将表现为以下几个方面。

首先，第一类软资源集合 $R_S$ 的规模将增加。GPT 是科学技术的一种类型，因此它本身就同其他科学技术一样属于软资源，并且有很大一部分属于同硬资源紧密联系的第一类软资源。通常来说，GPT 的基础技术都依托于某种硬资源。以蒸汽机为例，现代意义上的蒸汽机是以煤炭为燃料驱动的。煤炭作为一种硬资源，与蒸汽机技术存在严格的互补关系。早期蒸汽机一度由于耗煤量大而只能够在煤价低廉的矿区使用。直到老式蒸汽机耗煤量大、效率低的问题被瓦特的一系列改进性发明解决后，蒸汽机及其相关技术的集合作为一种 GPT 才从 18 世纪晚期开始广泛运用于采矿、冶炼、纺织、机器制造等行业。与此类似的还有煤炭与蒸汽发电技术、水力与水力发电技术、核燃料与核电技术、金属硅与信息通信技术等硬资源与软资源的复合体。从这个意义上来说，GPT 的引入必然增加关于某些硬资源利用的基础技术，因而 GPT 将自然地扩充第一类软资源集合 $R_S$。

其次，GPT 将使第一类软资源集合 $R_S$ 中的相当一部分元素被以相对一致的方式转化升级。基于经济增长理论对科学技术影响的各种经验研究，Bresnahan 和 Trajtenberg 提出这类导致技术创新爆发式出现的通用目的技术至少应当具有三大特征，其中之一是普及性（Bresnahan et al, 1996）。普及性是指 GPT 应该扩散至大部分经济部门。这种扩散实际上意味着大部分经济部门对它们已经使用的相关技术进行类似改进的过程，这些改进的共同目的是使它们与该 GPT 兼容。GPT 的这一特征在广义资源空间中则体现为，大部分第一类软资源集合 $R_S$ 的相当一部分将被 GPT 转化。并且转化过后的这些软资源不仅能够与 GPT 兼容，而且还能够彼此兼容。GPT 的这一影响可以用模型的演进来描述。令原有软资源集合为 $R_S$，引入 GPT 的软资源集合为 $R'_S$，设 GPT 的影响是一个从 $R_S$ 到 $R'_S$ 的一一映射 $f_{GPT}$，则存在 $R'_S$ 的一个子集 $R_S$（GPT）满足下面条件：对于 $R_S$（GPT）中的任意一个元素 $r_S$（GPT），都存在一个原象 $r_S \in R_S$ 与它对应；并且 $\cap R_{Si}$（GPT）$\neq \varnothing$。$R'_S$ 的这个子集 $R_S$（GPT）就代表受 GPT 影响的经济部门所运用的第一类软资源。作为一种 GPT，电力曾在原本使用蒸汽机的大部分生产制造部门引发了相关技术的电气化转化升级。

GPT 对广义资源空间产生的上述影响，通过广义资源的整合规律传导至广义资源系统的软部，即资源整合关系集合。

### 4.2.1.2 资源整合关系变革

广义资源系统 $RS = (R, \{f \subset R^2 \times W_R\})$ 中，资源整合关系 $\{f \subset R^2 \times W_R\}$

是定义在广义资源空间 $R$ 上的一种二元关系。对于广义资源空间 $R$ 上的两种广义资源 $R_i$ 和 $R_j$，如果它们构成的序偶 $<R_i, R_j> \in \{f \subset R^2 \times W_R\}$，就称 $R_i$ 和 $R_j$ 具有资源整合关系。在经济实践中，两种资源 $R_i$ 和 $R_j$ 具有资源整合关系意味着同时占有这两种资源的经济元，因此可以将它们以某种方式共同作为投入而独立进行经济生产活动。二元资源整合关系经过运算后，可以刻画多种资源之间的资源整合关系。由于广义资源 $R$ 可以大致分为硬资源 $R_H$ 和软资源 $R_S$ 两大类，定义在 $R$ 上的二元资源整合关系可以根据所取资源种类相应地分为三种基本形式：硬资源与软资源的整合、硬资源与硬资源的整合和软资源与软资源的整合。所有这三种资源整合形式都与软资源集合 $R_S$ 直接相关，它们共同构成了广义资源系统的资源整合结构。

如前所述，当 GPT 成为经济元可利用的广义资源集时，它不但通过自身引入的全新基础技术扩充了广义资源空间 $R$ 中的第一类软资源集 $R_S$，而且还凭借这些新技术的通用目的属性对原有软资源进行转化和升级，使转化后的这些软资源之间拥有更大交集。据此可以推知，GPT 造成的这些软资源变革将通过资源整合关系改变广义资源系统中的资源整合结构。

（1）硬资源与软资源的整合

资源整合的第一种基本形式是硬资源与软资源的整合。如果用 $R_{Hi}$、$R_{Sj}$ 分别代表一种硬资源和一种软资源，在广义资源空间中，当且仅当 $<R_{Hi}, R_{Sj}> \in \{f \subset R^2 \times W_R\}$ 时，称硬资源 $R_{Hi}$ 与软资源 $R_{Sj}$ 是可相互整合的。硬资源与软资源之间的这种资源整合关系通常包含严格的互补关系。也就是说，特定硬资源 $R_{Hi}$ 与特定软资源 $R_{Sj}$，只有在它们彼此共同出现时，才能够被经济元所整合，并用于经济生产，否则它们无法被有效利用。因此，将根据特定硬资源和软资源之间的这种严格互补关系为软资源集合重新定义指标集映射，使具有严格互补性的资源序偶拥有相同的第二下标，即对任意属于 $\{f \subset R^2 \times W_R\}$ 的硬资源、软资源序偶 $<R_{Hi}, R_{Sj}>$，令其软资源元素 $R_{Sj} \triangleq R_{Si}$。由于拥有互补关系的硬资源 $R_{Hi}$ 和软资源 $R_{Si}$ 在经济生产活动中必须匹配利用，那么在讨论资源整合时，可以形象地将它们看作一个复合体，记为 $R_{SHi}$。

在现实经济生产活动中，这种硬资源与软资源的复合体十分常见。比如前面提到的煤炭与蒸汽机。煤炭作为一种自然资源，边界固定，使用具有排他性，因此是一种典型的硬资源。蒸汽机技术边界并不固定，理论上可以根据需要进行任意改良，并且同样的蒸汽机技术被用于为纺织厂提供动力后，仍然可以被其他工厂非排他地采用，所以蒸汽机技术是一种软资源。在 18 世纪末的经济生产中，要将煤炭大规模且高效率地进行利用，必须使用以瓦特蒸汽机为代表的现代蒸汽机技术；与此同时，瓦特蒸汽机技术的使用反过来也必须以煤炭为原料，离开煤炭，蒸汽机技术将一无是处。煤炭与蒸汽机技术的这种严格互补性可以用"巧妇难为无米之炊"进行形象地类比。由此可知，煤炭与蒸汽机分别作为硬资源和第一类软资源，必须相互结合形成复合体后才能用于经济生产。它们之间的整合关系是典型的硬资源与软资源之间的严格互补整合关系。

在某个特定的经济历史阶段中，广义资源空间中必然存在一些无法与既有软资源进行整合的硬资源，当然也必然存在一些尚无法与既有软资源进行有效整合的硬资源。某些新技术的出现总是能够引入新的软资源，并同时创造新的资源整合序偶。这些资源整合序偶或者将原本无法被经济利用的硬资源纳入资源整合结构，或者能够替代原有的硬、软资源复合体，成为资源整合结构中效率的组成部分。而当一种新的 GPT 被广泛用于经济生产时，其带来的新技术爆发式增长必然将导致硬资源与软资源复合体的大量增加。

（2）硬软复合体之间的整合

从理论上说，广义资源空间上的资源整合关系也能够发生在两种硬资源之间。但开篇在介绍硬资源与软资源时就已经提到，硬资源是边界固定且具有使用排他性的有形资源，因此硬资源之间很难进行直接的整合。尽管如此，经济现实中仍然存在许多企业通过投入多种硬资源进行经济生产的情况，因而广义资源系统模型必须对这类资源整合做出合适的描述。事实上，企业在经济实践中利用多种硬资源进行生产都基于相应的技术条件，即企业已经掌握对这些硬资源进行利用的特定知识与技术。从这个意义上说，广义资源空间上硬资源 $R_{Hi}$ 与硬资源 $R_{Hj}$ 的整合关系可以理解为两种资源复合体 $R_{SHi}$ 与 $R_{SHj}$ 的整合关系。而资源复合体之间存在资源整合关系的必要条件是，复合体对应的软资源之间存在交集。即对于任意两种硬资源 $R_{Hi}$ 和 $R_{Hj}$，如果存在 $< R_{Hi}, R_{Si} > \in \{f \subset R^2 \times W_R\}$、$< R_{Hj}, R_{Sj} > \in \{f \subset R^2 \times W_R\}$，并且 $R_{SHi} \cap R_{SHj} = R_{Si} \cap R_{Sj} \neq$

$\varnothing$，则称硬资源 $R_{Hi}$ 与硬资源 $R_{Hj}$ 具有整合关系，记作 $< R_{Hi}, R_{Hj} > \in \{f \subset R^2 \times W_R\}$。

上述规定又可以作为广义资源空间上硬资源之间存在资源整合关系的充分必要条件。即对于任意两种硬资源 $R_{Hi}$ 和 $R_{Hj}$，当且仅当存在 $< R_{Hi}, R_{Si} > \in \{f \subset R^2 \times W_R\}$ 和 $< R_{Hj}, R_{Sj} > \in \{f \subset R^2 \times W_R\}$，并且 $R_{SHi} \cap R_{SHj} = R_{Si} \cap R_{Sj} \neq \varnothing$ 时，硬资源 $R_{Hi}$ 和 $R_{Hj}$ 具有资源整合关系，即 $< R_{Hi}, R_{Hj} > \in \{f \subset R^2 \times W_R\}$。

当 GPT 被引入时，广义资源空间上资源整合关系的改变并不仅限于之前提到的硬资源与软资源之间的资源整合序偶数量增加、权重加强。已经推知，GPT 对原有软资源进行了相当规模的改造，并形成了一个被 GPT 所改造的软资源集合 $R_S$（GPT），其中 $\cap R_{Si}$（GPT）$\neq \varnothing$。令 $R_S$（GPT）所对应的硬资源集合为 $R_H$（GPT），则根据刚刚介绍的硬资源间资源整合充分必要条件，$R_H$（GPT）中任意一对硬资源 $R_{Hi}$（GPT）和 $R_{Hj}$（GPT）都具有资源整合关系，即 $< R_{Hi}$（GPT）$, R_{Hj}$（GPT）$> \in \{f \subset R^2 \times W_R\}$。

（3）硬资源、软资源和硬软复合体与系统资源的整合

在广义资源空间上，除了必须与硬资源复合才能被经济元所利用的第一类软资源之外，还有一类特殊的软资源。开篇介绍广义资源的分类时就曾提到这类软资源，它们的利用并不需要与特定硬资源进行复合；相反，它们能够最大限度地与多种硬资源、软资源相互整合。由于这类软资源对于广义资源空间上的资源整合结构有特殊的意义，系统经济理论称它们为系统资源。

系统资源首先是软资源的一种，因而可以表示为软资源的一般形式 $SR = \{f \subset R_H \times W_H\}$。其中 $W_H$ 是泛权集，其元素是所有硬资源维度不为零且两两连通的广义资源点集合。由于系统资源是由所有连通资源点序偶构成的，其软资源形式刻画的实际上是特定硬资源的流通渠道场。也就是说，系统资源对于特定硬资源来说是它能够流通的资源点网络，该网络由资源点集合和集合上的渠道连通关系构成。从这个意义上来说，一种系统资源 $SR_{Hi} = R_{Hi} \circ W_{Hi}$ 就是某种硬资源的流通渠道网络。

系统资源还能够表示为广义资源点间的关系，即 $SR = \{f_{SR} \subset R^2 \times W\}$。其中 $W$ 为泛权集，其元素为系统资源所能传递或整合的广义资源，系统资源可

以自由地与泛权集中的任何广义资源进行整合。系统资源与其他资源的资源整合关系特别意味着，在经济实践中，该种资源可以在系统资源网络的各个结点间传递。在这种表示形式下，一种系统资源 $SR_i = \{f \subset R^2 \times W_i\}$ 实际上对应的是能够实现某种资源流通的资源点网络。

显然，系统资源的表达式已经自然地给出了特定资源与系统资源的资源整合关系。即在系统资源的资源点关系表达式中，泛权集中的所有广义资源都与系统资源具有资源整合关系。

需要注意的是，当系统资源 $SR = \{f \subset R_H \times W_H\}$ 与硬资源 $R_{Hi}$ 进行整合时，仅仅是将该种硬资源 $R_{Hi}$ 从 $W_{Hi}$ 中的某个资源点 $r_{Hij}$ 传递到另一资源点 $r_{Hik}$ ，本质上是在存在 $R_{Hi}$ 连通性的资源点序偶 $< r_{Hij}, r_{Hik} >$ 间实现 $R_{Hi}$ 的实际流通。因此，系统资源与硬资源的整合只是改变了广义资源空间中该种硬资源的分布场结构，而并非如第一种资源整合方式那样与硬资源形成产生经济效益的复合体。尽管系统资源与广义资源之间的资源整合关系也能产生经济效益，但这种整合所产生的经济效益源于系统资源的连通性本质。也就是说，虽然系统资源与特定广义资源之间也存在一定的互补性，该互补关系在关系强度上却远不及第一类软资源与相应硬资源之间的严格互补关系。正是由于这个原因，同样是软资源与硬资源的整合，第一类软资源与硬资源的整合和系统资源与硬资源的整合本质上是两种不同的资源整合关系。

根据广义资源的分类，系统资源与广义资源之间的整合关系也可以分成三大类。除去刚刚介绍的系统资源与硬资源的资源整合关系 $< SR_i, R_{Hi} >$ 之外，还有系统资源与第一类软资源的整合 $< SR_i, R_{Si} >$ 、系统资源之间的整合 $< SR_i, SR_j >$ 两种情况。其中，系统资源与第一类软资源的整合和系统资源与硬资源的整合在整合关系的本质上是类似的。尽管整合的对象不同，系统资源与硬资源或第一类软资源整合可能带来的经济效益都只单纯地源于系统资源的连通性本质，而与整合对象的属性没有绝对的关联。系统资源之间的整合却与此不同。

令 $SR_i$ 和 $SR_j$ 是两种系统资源，它们可以分别表示为 $SR_i = \{f_{SRi} \subset R^2 \times W_i\}$ 和 $SR_j = \{f_{SRj} \subset R^2 \times W_j\}$ 。其中 $W_i$ 和 $W_j$ 分别是它们的泛权集，则这两种系统资源 $SR_i$ 和 $SR_j$ 的整合本质上是广义资源空间上不同资源流通渠道的整合，整

合的充分必要条件是系统资源之间存在交集，即 $SR_i \cap SR_j \neq \varnothing$。更具体地，$SR_i \cap SR_j \neq \varnothing$ 又可以进一步解释为，至少存在一个这样的广义资源序偶 $<r_i, r_j>$，它满足 $<r_i, r_j> \in SR_i \{f_{SRi} \subset R^2 \times W_i\}$ 并且 $<r_i, r_j> \in SR_j = \{f_{SRj} \subset R^2 \times W_j\}$。

特定沟通渠道之间的整合能够产生整体大于部分之和的效应。设 $SR_a$ 是传递硬资源 $R_{Hi}$ 的一种系统资源，$SR_b$ 是传递软资源 $R_{Si}$ 的系统资源，$SR_a = \{f_a \subset R^2 \times W_a \mid W_a = \{R_{Hi}\}\}$，$SR_b = \{f_b \subset R^2 \times W_b \mid W_b = \{R_{Si}\}\}$，且 $SR_a \cap SR_b = \{f_{ab} \subset R^2 \times W_{ab} \mid W_{ab} = \{R_{Hi}, R_{Si}\}\} \neq \varnothing$。当系统资源 $SR_a$ 与硬资源 $R_{Hi}$ 整合时，$SR_a$ 使硬资源 $R_{Hi}$ 得以在系统资源泛权场 $f_a \subset R^2 \times W_a$ 上流通。$SR_b$ 与软资源 $R_{Si}$ 的整合则实现泛权场 $f_b \subset R^2 \times W_b$ 上 $R_{Si}$ 的传递。这两种资源整合关系都只能实现某种特定广义资源的传输，由于它们传输的两种资源都无法被单独用于经济生产，因此两种资源整合的结果仅仅是资源位置的改变。但当系统资源 $SR_a$ 与 $SR_b$ 进行整合时，整合的经济效果将发生质的飞跃。两种系统资源存在交集，所以它们可以进行整合。整合后，得到新的系统资源复合体 $SR_{ab} = \{f_{ab} \subset R^2 \times W_{ab} \mid W_{ab} = \{R_{Hi}, R_{Si}\}\}$，质的改变发生在 $SR_a$ 与 $SR_b$ 的交集 $SR_a \cap SR_b$ 上。$SR_a \cap SR_b$ 是两种系统资源共同拥有的连通序偶集合，其中任意序偶 $<r_k, r'_k>$ 之间既存在硬资源 $R_{Hi}$ 的流通渠道，又存在软资源 $R_{Si}$ 的流通渠道。这意味着系统资源复合体 $SR_{ab}$ 能够在 $SR_a \cap SR_b$ 上对 $R_{Hi}$ 和 $R_{Si}$ 进行协同传输。由于硬资源 $R_{Hi}$ 与软资源 $R_{Si}$ 能够形成资源整合复合体 $R_{HSi}$ 并被用于经济生产，系统资源复合体 $SR_{ab}$ 实际上不仅为这两种资源分别提供了流通渠道，同时还能为它们的复合体 $R_{HSi}$ 提供协同传递的渠道。在这种情况下，复合系统资源 $SR_{ab}$ 不仅能通过其连通性本质创造经济效益，还能够通过为硬资源 $R_{Hi}$ 与软资源 $R_{Si}$ 在不同资源点上的整合和整合沟通创造条件而创造额外的经济效益。显然，当系统资源 $SR_a$ 与系统资源 $SR_b$ 整合时，得到的系统资源复合体 $SR_{ab}$ 创造经济效益的潜力将大于 $SR_a$ 和 $SR_b$ 潜力之和，最终达到"一加一大于二"的效果。

"一加一大于二"又称超可加效应。超可加效应在经济生产活动中十分重要，新古典经济学和新贸易理论中的规模经济就是一种超可加效应。通常情况下，企业只有在存在规模经济的情况下扩大投入规模才有利可图。新兴古典经济学提出的分工经济也是一种超可加效应，而分工经济的存在是生产分工出现和演进的必要条件。在经济学理论中，通常用边际收益递增来描述规模经济和分工经济中存在的超可加效应。然而与规模经济和分工经济不同，系统资源整合而产生的超可加效应则源自硬资源与第一类软资源之间的强烈互补性和资源分布的不均衡性。

历史上新 GPT 的出现和发展都是同系统资源和与系统资源相关的资源整合关系的发展共同进行的。这种同步进行与 GPT 带来的软资源变革相联系。首先，GPT 作为软资源被引入经济生产是以相应系统资源的生成和整合为前提条件的。任何一种新技术的广泛使用首先需要培养的是一批能够熟练运用该技术的人才，或者说需要建立一套新技术教授的培训体系。而这套技术培训体系就是一种系统资源，该系统资源在其所对应的泛权场中传播新技术。从这个意义上来说，系统资源与新技术的匹配演进是 GPT 发展的内在需求。不仅如此，GPT 的发展还要求传播新技术与传输新技术原料的系统资源进行整合，并形成资源整合关系。这是由技术同原料之间的严格互补关系决定的。

其次，被 GPT 转化的软资源传输渠道也将被整合，出现多种软资源共享新系统资源的情况。设 $R_s$（GPT）为被 GPT 转化了的第一类软资源集合，$R_{Si}$（GPT）和 $R_{Sj}$（GPT）分别是其中的任意两种转化后的软资源，$R_{Si}$（GPT）$\cap R_{Sj}$（GPT）$\neq \varnothing$。令 $R_{Si}$ 和 $R_{Sj}$ 是这两种软资源的原型，且 $R_{Si} \cap R_{Sj} = \varnothing$，与它们存在资源整合关系的系统资源分别为 $SR_i$ 和 $SR_j$。在 GPT 商用之前，$SR_i$ 只为 $R_{Si}$ 提供传输渠道，$R_{Sj}$ 也只能与 $R_{Sj}$ 进行整合。GPT 将 $R_{Si}$ 和 $R_{Sj}$ 转化为 $R_{Si}$（GPT）和 $R_{Sj}$（GPT）后，原有的系统资源 $SR_i$ 和 $SR_j$ 也相应地升级为 $SR'_i$ 和 $SR'_j$。由于 $R_{Si}$（GPT）$\cap R_{Sj}$（GPT）$\neq \varnothing$，升级后的渠道 $SR'_i$ 不但能传输 $R_{Si}$（GPT），还能进行 $R_{Sj}$（GPT）的部分传输，$SR'_j$ 也具备了类似的属性。于是，整合渠道 $SR'_i$ 和 $SR'_j$，以构建 $R_{Si}$（GPT）和 $R_{Sj}$（GPT）的共享传输渠道就成为有利可图的项目。从这个意义上来说，GPT 改造软资源得到的 $R_s$（GPT）使一系列相关系统资源的升级和相互整合不但在技术上可行，而且还拥有了经济上赢利的可能。正在经历的电信网、有线电视网和互联网的三网融合就是由信息通信技术革命引发系统资源整合的典型例子。信息通信技术的发展使电信网传输的语音信号和有线电视网传输的模拟电视信号都升级为数字信号。与此相应地，原有的电信网络和有线电视网也都得到升级，进而能够为各种数字信号提供传播渠道。最终导致原本各自分立的三种系统资源走向相互整合。

### 4.2.1.3 资源点有效整合结构变革

广义资源集 $R$ 在广义资源系统 RS 中通常以更一般的形式存在，即广义资源空间 $R = \prod R_i$。广义资源点 $r_k$ 是广义资源空间上的点，它的分量 $r_{ji}$ 代表它所拥有的第 $i$ 种资源 $R_i$ 的量，因此资源点 $r_k = (r_{k1}, \cdots, r_{ki}, \cdots, r_{kn})$ 也可以看作各种广义资源的一个组合。同前面介绍的各种广义资源类之间的资源整合关系，$f_{R_i} \subset \{R_i\}^2 \times W_{R_i}$ 一样，资源点和资源点集合上的资源整合关系 $f_{r_k} \subset (\{r_k\} \cup \{r_k\}^2) \times W_{r_k}$ 也是广义资源空间上资源整合的一个方面。特别地，资源点和资源点集合上的资源整合关系在遵循资源类的资源整合关系的同时，还包含对资源整合数量关系的描述。从某种意义上来说，资源点集合上的资源整合关系是含数量约束的资源类整合关系。这些带量的资源整合关系的集合 $\{f_{r_k} \subset (\{r_k\} \cup \{r_k\}^2) \times W_{r_k}\}$ 称作资源点集合的有效资源整合结构。

（1）单个资源点的资源整合演进

根据广义资源集 $R$ 上的资源类整合关系，每个资源点都拥有与它对应的有效资源整合结构。单个资源点的有效资源整合结构本质上是各种硬资源、软资源整合复合体的数量组合。

对于广义资源空间 $R = \prod R_i$ 上的任意一个广义资源点 $r_k$，它的有效资源整合结构可以通过下面的方式推导得到。

选取其所包含的能够进行资源整合的广义资源分量 $r_{ki} = aR_i$。其中 $R_i$ 是该分量所在的资源种类维度，$a$ 是资源点 $r_k$ 在该资源种类维度 $R_i$ 上的分量数值。分量 $r_{ki} = aR_i$ 表示 $r_k$ 拥有 $a$ 单位的资源 $R_i$。接下来，将具有资源类整合关系的每一对资源维度合并为资源整合复合体序偶。设资源点 $r_k$ 拥有一对具有资源整合关系的广义资源 $R_{Hi}$ 和 $R_{Si}$，在这两个资源维度上的分量分别为 $r_{kHi} = aR_{Hi}$ 和 $r_{kSi} = bR_{Si}$。令硬资源 $R_{Hi}$ 和软资源 $R_{Si}$ 以 $1:\alpha$ 的比例进行资源整合，即 1 单位 $R_{Hi}$ 和 $\alpha$ 单位 $R_{Si}$ 能够形成 1 单位资源复合体 $R_{HSi}$，则资源点 $r_k$ 的两个分量 $r_{kHi} = aR_{Hi}$ 和 $r_{kSi} = bR_{Si}$ 可以相应地合并为资源整合复合体序偶 $< \lambda R_{Hi}, \alpha\lambda R_{Si} > = \lambda R_{HSi}$。当 $\alpha \cdot a < b$ 时，$\lambda = a$；当 $\alpha \cdot a > b$ 时，$\alpha\lambda = b$，$\lambda = b/\alpha$。简单地说，$\lambda$ 取 $a$ 与 $b/\alpha$ 中较小的一方，即 $\lambda = \min(a, b/\alpha)$，这个合并分量的过程实际上

是对资源整合双方的数量匹配情况的考察和总结。当两种资源在数量上并不匹配时，有效结构中它们复合体的数量只能按照其中较少的一方推得。

（2）两个资源点的有效资源整合结构演进

讨论资源点集合上的有效资源整合结构时，需要考虑系统资源在传递特定资源方面的作用。资源位第三定律已经明确提出，不同资源点之间存在拓扑连通性是资源整合的必要条件。事实上，系统资源能够将特定硬资源和软资源序偶具有的严格互补性在广义资源点集合上放大，并得到"一加一大于二"的超可加效应。超可加效应的存在和变化是后面讨论的资源位演进和中介系统演进的重要驱动力。

设 $r_1$ 和 $r_2$ 是两个具有连通性的广义资源点，它们分别拥有一定数量的硬资源 $R_{Hi}$ 和软资源 $R_{Si}$，具体表示为 $r_1 = (a_1 R_{Hi}, b_1 R_{Si})$ 和 $r_2 = (a_2 R_{Hi}, b_2 R_{Si})$。考察当两点间连通性强度不同，或者说系统资源权重集不同的情况下，$r_1$ 和 $r_2$ 组成的资源点集合的资源整合有效结构。

在第一种情况下，$r_1$ 和 $r_2$ 之间只具有 $R_{Hi}$ 连通性，即在它们之间只能进行硬资源 $R_{Hi}$ 的沟通。由于两个资源点间能够进行 $R_{Hi}$ 的交流，因此由它们构成的资源点集合拥有的 $R_{Hi}$ 总量可以用单个数字表示，即 $r_1$ 和 $r_2$ 各自在 $R_{Hi}$ 维度上的分量数量的加和 $a_1 + a_2$。相应地，两点各自拥有的 $R_{Hi}$ 数量则可以用变量 $\delta$ 来表示，即 $R_{1Hi} = \delta$ 且 $R_{2Hi} = a_1 + a_2 - \delta$。与此相比，集合中软资源 $R_{Si}$ 的拥有量则只能用两个分量表示，即 $R_{1Si} = b_1$ 和 $R_{2Si} = b_2$。因为两个资源点间不具有 $R_{Si}$ 连通渠道，而资源点集合中 $R_{Hi}$ 与 $R_{Si}$ 的有效复合体 $R_{HSi}$ 的数量由资源总量较少的一方决定，当 $a_1 + a_2 > b_1 + b_2$ 时，最优 $R_{HSi}$ 总量为 $\dfrac{b_1 + b_2}{\alpha}$，$r_1$ 和 $r_2$ 的占有序偶为 $\langle \dfrac{b_1}{\alpha}, \dfrac{b_2}{\alpha} \rangle$；当 $a_1 + a_2 < b_1 + b_2$ 时，$R_{HSi}$ 总量可达 $a_1 + a_2$，$r_1$ 和 $r_2$ 的占有数量序偶为 $\langle \dfrac{b_1}{\alpha}, a_1 + a_2 - \dfrac{b_1}{\alpha} \rangle$ 或者 $\langle a_1 + a_2 - \dfrac{b_2}{\alpha}, \dfrac{b_2}{\alpha} \rangle$。

在第二种情况下，$r_1$ 和 $r_2$ 之间只具有 $R_{Si}$ 连通性，即在它们之间只能进行软资源 $R_{Si}$ 的沟通。这时，集合中 $R_{Si}$ 在两点间的分布可变，$R_{1Si} = \delta$ 且 $R_{2Si} = b_1 + b_2 - \delta$，总量为 $b_1 + b_2$；$R_{Hi}$ 的分布固定，$R_{1Hi} = a_1$ 和 $R_{2Hi} = a_2$，总量为 $a_1 + a_2$。

资源点集合中 $R_{Hi}$ 与 $R_{Si}$ 的有效复合体 $R_{HSi}$ 的数量与第一种情况同样，由资源总量较少的一方决定。当 $a_1 + a_2 > b_1 + b_2$ 时，最优 $R_{HSi}$ 总量为 $\dfrac{b_1 + b_2}{\alpha}$，$r_1$ 和 $r_2$ 的占有序偶为 $\langle a_1, \dfrac{b_1 + b_2}{\alpha} - a_1 \rangle$ 或者 $\langle \dfrac{b_1 + b_2}{\alpha} - a_2, a_2 \rangle$；当 $a_1 + a_2 < b_1 + b_2$ 时，$R_{HSi}$ 总量可达 $a_1 + a_2$，$r_1$ 和 $r_2$ 的占有数量序偶为 $\langle a_1, a_2 \rangle$。

在第三种情况下，$r_1$ 和 $r_2$ 之间同时具有 $R_{Hi}$ 连通性和 $R_{Si}$ 连通性。因此在由 $r_1$ 和 $r_2$ 构成的资源集合中，$R_{Hi}$ 和 $R_{Si}$ 在两点间的分布都是变动的，即 $R_{1Hi} = \delta_{Hi}$、$R_{2Hi} = a_1 + a_2 - \delta_{Hi}$ 且 $R_{1Si} = \delta_{Si}$、$R_{2Si} = b_1 + b_2 - \delta_{Si}$。资源整合复合体 $R_{HSi}$ 为 $\min\left( a_1 + a_2, \dfrac{b_1 + b_2}{\alpha} \right)$，其分布同样可变，即 $R_{1HSi} = \delta_{HSi}$、$R_{2HSi} = a_1 + a_2 - \delta_{HSi}$。

综观上述三种连通性情况下由 $r_1$ 和 $r_2$ 构成的资源集合上的资源整合结构，当两种资源原本就在两点间都有分布时，即 $a_1$、$a_2$、$b_1$、$b_2$ 都不等于零时，不同的连通性强度并不影响资源复合体的总量，而只影响其分布。然而设想一种极端状态，资源点 $r_1$ 拥有 $a_1 + a_2$ 单位的 $R_{Hi}$ 而 $r_2$ 拥有 $b_1 + b_2$ 单位 $R_{Si}$。则在第一种连通性情况，即 $r_1$ 和 $r_2$ 之间只具有 $R_{Hi}$ 连通性时，$r_1$ 无法进行任何资源整合，而 $r_2$ 则能实现 $\min\left( a_1 + a_2, \dfrac{b_1 + b_2}{\alpha} \right)$ 单位的 $R_{Hi}$ 与 $R_{Si}$ 的整合；第二种连通性情况下，$r_1$ 和 $r_2$ 之间只具有 $R_{Si}$ 连通性，$r_2$ 无法进行任何资源整合，而 $r_1$ 拥有 $\min\left( a_1 + a_2, \dfrac{b_1 + b_2}{\alpha} \right)$ 单位的资源整合复合体 $R_{HSi}$；只有在 $r_1$ 和 $r_2$ 之间同时具有 $R_{Hi}$ 连通性和 $R_{Si}$ 连通性的情况下，$r_1$ 和 $r_2$ 才能分享 $\min\left( a_1 + a_2, \dfrac{b_1 + b_2}{\alpha} \right)$ 单位的资源整合复合体 $R_{HSi}$。

在新的 GPT 被广泛商用的过程中，广义资源点之间的有效资源整合结构，就可能在上述资源分布极端状态下，借助系统资源连通强度的增加而产生质的变化。

## 4.2.2　资源位系统变革

资源位是连接广义资源系统和经济系统的重要概念，在扩展经济系统中，它是由资源位映射确定的。尽管系统经济学资源位理论认为，资源位可以根据不同的标准而分为不同的类型，进而描述经济元所处资源环境的各个方面。但在扩展经济系统中，我们默认资源位概念为经济元的实际资源位。因此，资源位本质上是经济系统经济元所能实际占据和利用的资源点的集合。从这个角度来理解，则资源位同前面讨论的任意资源点集合一样，都具有一定的有效资源整合结构。更一般地，将资源位的有效资源整合结构描述为一个资源整合系统，$(\{xR_{HSi} \mid R_{Hi}, R_{Si} \in RN\}, \{f \subset RN^2 \times W\})$。其中，$\{xR_{HSi} \mid R_{Hi}, R_{Si} \in RN\}$ 表示资源位 $RN$ 内包含的所有有效资源整合复合体，$\{f \subset RN^2 \times W\}$ 表示资源位内包含的连通性序偶，则资源位内部的资源整合能力可以通过考察其内部有效资源整合结构来估算。

我们已经了解，在 GPT 被广泛运用的同时，广义资源集合资源间的资源整合关系，以及广义资源点集合上有效资源整合结构产生的各种变革。类似的变革都将同样发生在资源位有效资源整合结构上。更进一步地，不同于之前讨论的单个资源点上的整合关系和两个资源点之间的有效整合结构，资源位的有效资源整合结构更为复杂。它不仅包含了所有资源点集合内部的资源整合信息，同时还关联着资源位与外部资源点的整合信息。由于资源位概念是与经济元相对应的，因此在特定层级经济系统上讨论资源整合问题时，经济元资源位也将相应地被黑箱化。与此同时，关于资源整合的讨论也相应地由原先关注资源位的集合内部整合，转向关注资源位作为一个黑箱与其他资源点或资源位之间的资源整合。

首先通过一个形式化的例子解释资源位有效整合结构的变革与资源位内部的资源整合问题。设经济系统 $E_\theta$ 对应于资源位 $RN$。与广义资源集 $R$ 一样，资源位 $RN$ 所包含的资源集合也可以大致分为三大部分，分别是硬资源集、第一类软资源集和系统资源集。从这个角度来说，资源位可以表示为 $RN = (R_H, R_S, SR)$。硬资源集合为 $R_H = \{a, b, c, d, e, f, g\}$，软资源集合为 $R_S = \{f_a, f_c, f_d, f_e, f_f, f_g\}$。其中 $\cap f_\lambda \neq \varnothing$，$\lambda = \{a, c, e\}$，$\cap f_{\lambda'} \neq \varnothing$，$\lambda' = \{f, g\}$。并且任意指标属于 $\lambda$ 的软资源与指标属于 $\lambda'$ 的软资源都不相交，$f_d$ 与其他任意软资源都不相交。系统资源集合则表示为 $SR = \{f_{SR} \subset R^2 \times W_{SR} \mid W_{SR} = \{a, f, g, f_a, f_e, f_f, f_g\}\}$。那么在这个资源位内部，能够进行硬资源与软

资源整合的复合体 $f_i(i)$ 有 6 个，其中 $f_a(a)$、$f_c(c)$ 和 $f_d(d)$ 之间可以进一步整合，$f_f(f)$ 和 $f_g(g)$ 可以进一步整合，而资源位内部部分资源点间能够分享的资源复合体只有 $f_a(a)$、$f_f(f)$ 和 $f_g(g)$。

GPT 被商用后，首先，软资源 $f_b$ 被引入，进而所有硬资源与软资源都可以进行复合，复合体数量增至 7 个。接着，GPT 扩散至其他软资源，将它们转化，得到新的软资源集 $R'_S = \{f'_a, f_b, f'_c, f'_d, f'_e, f'_f, f'_g\}$，并使得 $\cap f_{\lambda \cup \lambda' \cup \{b, d\}} \neq \varnothing$，即所有转化后的软资源都有了交集。这意味着，所有复合体之间都可以进行进一步相互整合。最后，系统资源得到升级，并相互整合，新系统资源集为 $SR' = \{f'_{SR} \subset R^2 \times W'_{SR} \mid W'_{SR} = RN\}$。升级整合后的系统资源集合能够在资源位内部匹配传输各种资源。

在这个理想化的例子中，GPT 在原有系统资源有效整合结构的基础上，将其打造成了一个能够最大程度整合各种已有资源的新有效整合结构。

若上面例子中的经济系统 $E_\theta$ 被黑箱化后成为更高一级经济系统 E 的经济元，则 RN 也相应地被黑箱化。资源位 RN 内部的各种资源整合信息都被宏观化。各个资源点所占有的资源种类、数量都被抽象为 RN 占有的各种资源的总量；而 RN 内部资源点间的连通性也被抽象为 RN 与自己的连通关系；内部资源点与外部资源点间的连通性序偶则被保留，并抽象为 RN 与外部资源点的连通。简单地说，黑箱化后的资源位 RN 由原先的一个广义资源点集合变成了抽象后的一个新的资源点。这个资源点在拥有的资源种类、总量和与其他资源点的连通性方面与原先的集合相一致。特别地，资源位 RN 内部的有效整合结构也在某种程度上被有保留地宏观化了，抽象后的有效整合结构只剩下其结构对应的集合的性质，如凹集、凸集等。在更高层次考察作为资源点的资源位 RN，GPT 在前面例子中对 RN 产生的影响可以简单地概括为，增加了 RN 所拥有的硬资源、软资源复合体种类，引入了更多复合体之间的进一步整合，并将有效整合结构打造成了能与外界进行更多资源交流的全新凹集。

## 4.2.3 中介系统演进的模型表示与案例

尽管中介系统 $\{f_M \subset H_\theta^2 \times W\}$ 在形式上描述的是定义在经济系统 $E_\theta = (H_\theta, S_\theta)$ 硬部 $H_\theta$ 上的关系集合，看上去只与构成 $H_\theta$ 的分类和经济元 $H_{\theta i}$ 有关

系，但是中介系统的形成与演进并不如其形式表示所显示的那么简单。正如在中介系统的推导过程中所展示的，中介系统不只是单纯的经济系统的构成部分，它本质上是广义资源系统 $RS = (R = \prod R_j, \{f \subset R^2 \times W_R\})$ 中资源点连通性 $< r_i, r_j >$ 在经济系统中的延伸。这也是为什么需要在包含广义资源系统 $RS = (R = \prod R_j, \{f \subset R^2 \times W_R\})$ 和资源位映射 $\varphi: H_\theta \to R$ 的扩展经济系统 $(E_\theta, RS, \varphi)$ 中推导中介系统，并在同样广泛的模型中讨论中介系统的演进。

正如前面讨论广义资源集上资源整合关系的演进时提到的，系统资源在 GPT 出现的情况下将发生至少两方面的演进。首先，历史上新 GPT 的出现和发展都是同系统资源和与系统资源相关的资源整合关系的发展共同进行的。不仅如此，GPT 的发展还要求传播新技术与传输新技术原料的系统资源进行整合，并形成资源整合关系。这是由技术及相关信息同原料之间的严格互补关系决定的。其次，被 GPT 转化的软资源传输渠道也将被整合，出现多种软资源共享新系统资源的情况。

根据中介系统的推导，上述这些系统资源演进将通过资源位映射 $\varphi$ 和资源点连通序偶映射 $\psi: R^2 \to H_\theta^2$，同时体现为中介系统的演进。然而，与 GPT 相关的中介系统传导链条并没有到此结束。

回顾构建经济系统模型的过程，模型强调分类是具有相对性的。根据经济系统分类的 $(f, \theta, D)$ 相对性准则，当经济系统中原始经济关系 $f$ 变化时，经济系统分类的结果也将发生变化。这意味着，中介系统的演进还将导致经济系统硬部的变革，进而导致中介系统的再次变革。

事实上，本书在讨论资源位有效整合结构时，已经涉及了系统资源演进可能导致的经济关系（有效整合结构）变革和资源位的演进。前面的分析曾经提到，GPT 带来的软资源和系统资源的变革将同样体现在资源位的演进过程中。在资源位内部资源整合方面，GPT 至多能够在原有系统资源有效整合结构的基础上，将其打造成一个能够最大程度整合各种已有资源的全新有效整合结构；而在资源位整合外部资源方面，GPT 能够增加 $RN$ 所拥有的硬资源、软资源复合体种类，引入更多复合体之间的进一步整合关系，并将有效整合结构打造成能与外界进行更多资源交流的全新凹集。若将资源位这两方面的演进与经济系统分类和经济元边界的确定相联系，则能够明显地看到前者已经为经济系统的变革积蓄了力量。正是这些力量的形成，使中介系统在其演进过程中可能影响经济系统的结构，并最终引发经济系统相关层级上的经济系统边界、经济元边界以及经济元间关系的变革。具体到产业经济系统上，广义资源空间上系统资源的演进和中介系统的演进，将同时驱动产业经济系统边界、企业边界以及产业组织的演进。这也是本书研究主题具有一定理论和实践意义的深层原因。

至此，大致完成了前面设定的目标——中介系统演进过程的推导和讨论，这个包含丰富传导环节的中介系统演进过程与 GPT 的商用和扩展相联系。整个推导过程广泛地涉及了扩展经济系统 $(E_\theta,\ RS,\ \varphi)$ 的三大组成部分。广义资源系统 $RS=(R=\prod R_j,\ \{f\subset R^2\times W_R\})$ 各个部分发生的演进是推导的起点。随后，变革的力量反映到由资源位映射 $\varphi: H_\theta \to R$ 确定的经济元资源位。最后，通过资源位映射和其他联系广义资源系统与经济系统的映射，改变的趋势得以在经济系统中显现，并最终表现为中介系统与经济系统的共同演进。在整个变革推导的过程中，GPT 为广义资源空间带去的新的软资源和转化后的软资源是所有变革的源头。这些新出现的软资源和它们之间的关系，在广义资源系统中驱动系统资源的扩张和升级，而后者则成为中介系统演进在广义资源系统上的坚实基础，并实际上勾勒出了中介系统演进的大致图景。系统资源则在中介系统演进的过程中扮演了主要角色，它所提供的广义资源连通性将变革传导的重要环节串联起来。

在推导这个中介系统演进的过程中，中介系统本身发生的变化主要表现在规模和强度两个方面。

扩展经济系统 $(E_\theta,\ RS,\ \varphi)$ 在中介系统演进的过程中发生的连锁式变革为中介系统规模的扩张积累了许多资源。若将全球经济系统看作一个由国家、区域、产业、企业、家庭经济系统等不同层次经济系统组成的经济整体，则这个大的整体能够与广义资源系统实现最大程度的对应。而这个经济整体的中介系统也相应地有不同的层级。所有构成这个中介系统的各层次经济元间连通序偶规模，能够与广义资源空间上构成系统资源的广义资源连通序偶规模对等。因此对于全球经济系统来说，它包含的各层级中介系统总规模是随着广义资源空间上系统资源规模的扩张而扩张的。系统资源与中介系统在连通性强度方面也具有类似的对应关系。

我们转而考察系统资源在中介系统演进时的情况。新技术引入了全新的软资源、与之相联系的全新硬资源与软资源的整合关系，进而必然同时建设这些新资源和新资源复合体的传递渠道。以煤炭为燃料的现代蒸汽机的广泛商用就是这样的过程。现代蒸汽机出现之前，尽管蒸汽机技术已经在矿区得到大范围使用，但由于其效率不高，耗煤量极大，未能推广到煤价较高的矿区外的工厂。瓦特改良后的现代蒸汽机技术极大地提高了机器效率，因此使用蒸汽机技术对于矿区以外的工厂来说变得有利可图。于是，现代蒸汽机技术被进一步推广，更多资源点被纳入系统资源的结点集，这些资源点之间的煤炭运输渠道、技术和相关知识的传播渠道都将同时形成。因此，GPT 被运用于经济的过程实际上包含构建大量新的资源连通序偶的工作。令所有新产生的软资源构成集合 $R_S^{new}$，与这些软资源具有整合关系的所有硬资源构成集合 $R_H^{new}$。GPT 的商业化首先要求集合 $R_S^{new}$ 与 $R_H^{new}$ 中包含的广义资源能够在经济系统资源位中进行传递流通。这意味着 GPT 的推广者要在拥有 $R_H^{new}$ 的资源点与拥有 $R_S^{new}$ 的资源点间构建 $R_H^{new}$ 或 $R_S^{new}$ 连通渠道，使 $R_S^{new}$ 与 $R_H^{new}$ 间的资源整合得以实现。在 GPT 引入之初，这可以简单地描述为在广义资源空间中引入 $R_S^{new}$，并以快速而经济的方式搭建起与具有 $R_H^{new}$ 的资源点间交流 $R_S^{new}$ 的连通渠道。可见由技术推动的系统资源演进和中介系统演进都将包含规模扩张的趋势。

技术知识资源和相关渠道资源的日渐成熟必然导致硬资源传输渠道与相关知识信息传播渠道的协同和整合，因为硬资源与软资源复合体的协同传输将更加有效且有利可图。前面在剖析系统资源强度对于资源点有效整合结构的影响时就已明确指出，对于某些不具备资源原始分布条件的资源点或资源位来说，成为硬资源、软资源整合复合体的协同传输连通序偶结点对于资源的有效整合意义重大。这一事实导致具有较强泛权集的系统资源比一般系统资源具有更强的获利能力。从这个意义上来说，系统资源或者中介系统的规模扩张与其强度的增加是同一演进过程的两个方面。新系统资源的生成促成了系统资源的规模扩张，它与软资源的升级一道促成了资源连通性序偶的整合，即系统资源强度的增加；资源连通性序偶整合后形成的新传播渠道对于经济活动来说具有更强的获利能力，反过来又再促进渠道的扩张。现代蒸汽机技术得到广泛运用之后，就被用于蒸汽机船和蒸汽机车的制造。这使煤炭与蒸汽机技术的整合传播渠道进一步扩展，并与这些领域原有的系统资源进行整合协调。

总的来说，中介系统演进主要表现为中介系统规模的扩张和中介系统权重强度的增加。这就意味着经济系统内部经济元之间的联系更加复杂、更加紧密。在经济发展的历史过程中，包括现代蒸汽机、电力、内燃机和现代信息通信技术在内的各种 GPT 都曾引发过类似的变革。文章多次提到的现代蒸汽机于 18 世纪开始广泛运用于经济活动，尽管蒸汽机花费了一个多世纪的时间扩散至当时几个主要经济大国的相关经济部门，但它对经济关系的影响在整个过程中始终存在。

结合经济发展的历史和扩展经济模型（$E_\theta$，$RS$，$\varphi$）上对中介系统演进的理论推导，将明晰地看到，无论在理论上还是现实中，中介系统作为一个有机整体都是持续且连续地演进的。

中介系统在某个历史阶段的演进是作为一个有机整体进行的。为了方便讨论，可以将系统资源看作一种基础中介系统，它与以单个广义资源点为经济元资源位的经济系统相对应。在这样的视角下，系统资源的演进等价于中介系统的演进。因此，前面关于 GPT 扩展与系统资源演进的讨论也同样适用于中介系统。当时作者已经提到，与新技术扩展同时发生的系统资源演进不仅限于某些传递新资源的连通序偶的增加，还包括原有系统资源连通性序偶的升级和相互整合。前者对应于经济现实中新的物流、能源或者信息传输渠道的建立，而后者则相当于原有传输网络通过相互协调获得的效率提升和同质传播渠道的融合。其中，传输网络的相互协调在诸多历史阶段都出现过。18 世纪 40 年代美国电报公司与铁路公司之间有效的合作关系就是一个典型的例子。

在 19 世纪 40 年代的美国，由蒸汽动力驱动的铁路机车和后来出现的电报和电话，逐渐成为交通运输和通信的主要方式。在这一过程中，铁路和电报的发展呈现出明显的共生关系。电报商业化地运用于经济活动始于 1847 年。在当时的美国，铁路网的扩展正如火如荼地进行，其中单线铁路是最具经济效益的铁路线路种类。尽管单行线能够在大范围、短时间内以可行成本铺设完成，进而缩减资本成本，但却极大地增加了列车相撞的风险。因此随着里程数的快速增加，在单线铁路上的交通运营迫切需要远程信息传输的帮助。于是，刚刚开始商业化的电报从 19 世纪 50 年代开始被广泛用于铁路运营中的列车调度。透过电报公司和铁路公司签订的合同，铁路与电报之间的共生关系变得越来越清晰。根据这些合同……电报公司提供电报线路，铁路公司的电报部门负责运营这些设施（钱德勒，2008）。

电报与铁路的整合关系明显地体现在 19 世纪 70 年代电报局与火车站在分布上的高度重叠上。根据《信息改变了美国》一书的叙述，"1870 年，也就是几家主要的电报公司刚刚并入西联公司（Western Union）不久之后，这一垄断系统就有四分之三的电报局设在铁路公司的火车站内，也就是在总数 12 000 家的电报局中，将近 9000 家都设在铁路公司的车站内。"（钱德勒，2008）

电报与铁路的共同演进从某种程度上说明了中介系统在特定历史演进阶段中的整体性，人们将这种并进关系形象地描述为"商业连体婴儿"❶。当时，铁路网络发展到一定规模，而其运营中信息沟通能力的有限束缚了它的进一步发展。电报在其被商用后，凭借自己在远距离信息传输能力方面的突破解决了铁路发展所受的束缚。电报与铁路的整合本质上源于铁路运输服务与相关调度信息之间的互补性。这种互补性虽然在短途铁路中并不明显，却随着铁路网络的扩大而被放大。在这一系统资源相互整合进而进一步扩大规模的过程中，没有哪一方能够脱离对方而单独演进。铁路通过支持电报线路在铁路沿线的建设获得了免费的电报服务，最终得以实现列车在更大范围内的协调运营；而电报则在铁路公司的扶持下得以逐步扩展商业化运营，金融家杰伊·古尔德对此甚至声称，如果没有铁路公司的积极合作，电报系统并不具备相应的财务基础使它"作为一个有价值的企业存在哪怕一个小时"❶。

除此之外，纵观经济发展的历史，不同于更新换代的技术，中介系统作为经济活动基础设施整体在各个历史阶段的演进是连续性的。其中，与各种 GPT 先后引发的技术爆发式商用相同步，中介系统作为一个整体在相应经济发展阶段中呈现出总体规模和连通性强度方面的连续发展脉络。技术的更替意味着旧的生产方式消逝了，而新的技术取而代之。实际上这种传统的视角很容易让人们忽略新旧生产方式之间十分重要的延续性。制度经济学家们称这种延续性为

❶ ［美］钱德勒 D，科塔达 W. 信息改变了美国［M］. 上海：上海远东出版社，2008：85.

路径依赖，并认为路径依赖将阻碍制度的发展。而中介系统的视角则证明了经济关系的路径依赖并不一定阻碍新技术或新制度的产生，因为从某种程度上来说，所有能够实现的新事物都是能够与经济现实相互契合的事物。中介系统本身或者广义资源系统中的系统资源，在发展上的连续性就是这种契合的一种体现。

因此，从中介系统演进的角度考察新技术对经济系统的影响是更加合适的。如此既能在更合适的范围内考察技术的经济影响，又能以更适合的度量对新技术带来的经济影响进行比较，甚至能够更广泛地考察新技术引发影响的历史原因。信息技术革命就是一个典型的例子。信息革命带来的巨大社会、经济影响并不仅仅是由于信息新技术本身的出现而产生的，而是信息技术作用于原有的信息中介系统时通过推动信息中介系统演进而产生的。

经济模型引入中介系统表示，实际上通过描述经济系统中的中介系统状态将原本理想化的经济元放回到了一个具体的历史的特定阶段中。因为中介系统本身就是经济发展积累的结果。这样，通过在经济模型中引入中介系统，得以将时间维度上的积累转化为空间维度上的改变，从而得到更贴近现实的经济模型。

# 5　包含中介系统的三层次扩展经济系统模型

## 5.1　产业组织变革分析与中介系统

前面的章节已经在扩展经济系统中描述并刻画了中介系统及其演进。全新的扩展经济系统分析模型不仅包含经济系统本身，还包括与特定经济系统相对应的广义资源系统，以及联系经济系统与资源系统的映射。在这种形式的扩展经济系统模型中，中介系统成为所有经济行为实现的基础，它为经济元、经济系统之间的物质、能量和信息流动提供了渠道。中介系统作为所有这些渠道构成的有机整体，其变革和演进将对经济系统结构产生影响。这些影响的结果最终导致经济系统的发展和演进。

在经济现实中，我们曾经经历的和正在经历的中介系统演进影响经济系统演进的过程，都伴随着产业组织的变革。这些变革吸引了大批经济学家，尤其是专注于产业组织研究的经济学研究者们的关注。由此产生的大量文献多数聚焦于产业组织发生的现实变革，并运用主流产业组织理论分析范式分析这些变化。这些产业组织变革主要包括企业纵向一体化、纵向去一体化与专业化和企业组织网络化。

以工商业史为主要研究方向的著名经济史学家钱德勒，自 20 世纪 70 年代开始就致力于描述和刻画纵向一体化（垂直一体化）大企业和由它们垄断的制造业产业规律。他在代表作《看得见的手——美国企业的管理革命》和《规模与范围》中通过考察 19 世纪后半叶在美国、德国和英国等代表性资本主义国家出现的纵向一体化大企业，提出企业管理协调这只"看得见的手"

已经借助规模经济和范围经济逐渐取代市场调节这只"看不见的手"。钱德勒的研究掀起了对纵向一体化企业的研究热潮。

直到 20 世纪后半叶信息通信技术革命之后，钱德勒式的纵向一体化大企业没能延续其发展势头，"看得见的手"受到挑战。以 Lamoreaux、Raff 和 Temin 为代表的研究者提出，钱德勒式的企业已经消失，长期协调关系开始替代管理科层协调❶。而 Langlois 和其他一些学者则提出新的假说，试图将"看的见的手"与"看不见的手"以某种方式统一起来。"消逝的手"就是 Langlois 提出的此类假说，它主张在斯密分工定律支持下的市场是改善协调专业化的重要手段，钱德勒式管理协调只是在市场协调演进过程中的过度形态（Langlois，2003）。Langlois 将 20 世纪 90 年代的产业组织变革总结为纵向去一体化和专业化（vertical disintegration and specialization）这两个方面。

信息通信革命之后，新兴的信息产业表现出显著的产品互补性、兼容性和网络外部性，以卡茨和夏皮罗为代表的经济学家对拥有这些特征的网络产业进行了激烈的讨论（Kats and Shapiro，1985）。伊科诺米蒂认为，这些网络产业所拥有的特性在其他纵向关联占据重要地位的产业中也适用，提出网络经济学概念（Economides，1996）；奥兹则将其对该领域的相关研究编撰成教科书《网络产业经济学》❷（*The Economics of Network Industries*）（Oz，2001）。

与此同时，企业网络作为一种新的产业组织模式被提出。朗格卢瓦等提出与模块化理论相联系的核心生产网络❸，并将其分别以美国和日本汽车工业的产业组织为例加以分析（Langlois，1995）。而随着模块化理论的发展，斯特金进一步提出与之相对应的"模块化生产网络❹"（Sturgeon，2002），这种组织兼具长期协调关系、纵向去一体化和专业化的特征，受到国内外许多学者的

---

❶ LAMOREAUX N R，RAFF D M G，TEMIN P. Against Whig History［J］. Enterprise & Society，2004，6(3)：376-387. 和 RAFF D M G，TEMIN P. Beyond markets and Hierarchies：Towards a New Synthesis of American Business History［J］. American History Review，2003，106：404-433.

❷ 该书中文版《网络产业经济学》已由上海财经大学出牌版社于 2002 年出版。

❸ Langlois 和 Robertson 合著的 *Firms，Markets and Economic Change*（《企业、市场与经济变迁》）一书正式提出生产网络，其典型案例是日本汽车工业的产业组织模式和美国硅谷的企业组织模式（Langlois and Robertson，1995）。

❹ 模块化生产网络由 Sturgeon 提出，见 STURGEON T J. Modular Production Networks：A New American Model of Industrial Organization［J］. Industrial and Corporate Change，2002，11(3)：451-496.

关注。

纵观这些聚焦于特定产业组织变革的经济学研究，它们中的大部分是运用主流产业组织理论和分析范式对特定产业中发生的产业组织现实变革进行描述和模型分析。其中，不乏从经济系统演进的角度对产业组织变革经济动力的考察，如 Langlois 提出的"消逝的手"假说，还有与系统思想相联系的模块化生产网络研究，然而这些基于经济系统视角的研究都没能考察中介系统在经济系统中的重要地位，也没有明确提出产业组织研究的明确框架。因而前面所述的这些产业组织变革研究虽然能够及时追踪产业组织变革的脚步并给出基于主流的产业组织理论的解释，但却表现出明显的断裂性。当理论研究没能揭示产业组织变革的深层经济规律时，数次产业组织变迁在研究文献中只能被描述为新技术带来的一次又一次突变。本书采用的中介系统视角则有望将这些看似并不具有连续性的产业组织变革过程，转化为同一经济规律作用下具有一致性的经济系统演进过程。

产业组织变革在经济研究文献中呈现的突变性与文献采用的分析框架和分析范式的局限性有关。国内外产业组织理论自形成以来就以经验研究为主要研究方法，主流产业组织分析的 SCP 范式就是该领域创始人贝恩基于大量跨部门统计分析研究提出的经验性关联范式。由于实证研究必须以明确的产业分类为前提，这使产业组织经验分析成为事先划定产业边界的封闭式研究。类似的情况也存在于新产业组织理论的博弈论模型分析过程中。这种程式化的割裂研究模式日益忽视产业与产业之间的互动和企业与产业、产业与国民经济系统之间的部分与整体关系，最终导致产业组织变革在理论研究中的断裂。为了修复这种断裂，将提供产业间关联互动的中介系统纳入产业组织分析模型是一个可行的选择。除此之外，为了产业与相邻层次经济系统间的关系，还需要将原本严格限制在产业经济系统层次的理论分析扩展至国民经济系统层次和企业经济系统层次。

本书采用强调中介系统的经济系统视角，将整个经济看作一个整体系统，并强调中介系统在该系统中联接各个子系统和经济元、支持经济活动，进而支撑整个经济系统运作的重要作用。在这种整体的、系统的视角下，产业组织变革是经济系统整体维系运作或演进的一个方面。若取国民经济系统、产业经济系统和企业经济系统这三个经济系统层次为产业组织分析的因果小环境❶，则产业组织变革不仅仅是产业经济系统层次上各个子系统（企业经济系统）和经济元（独立生产者）之间各种经济联系的变革。站在高一层次的国民经济系统来看，特定产业的产业组织变革作为其子系统内部结构的变迁，将首先满足国民经济系统维系的需要或成为其演进的一个方面。比如，当由分工经济推动的某个产业分化过程能够为国民经济系统获取递增报酬进而维系其运作时，被分化产业的产业组织变革实际上是产业分化在产业经济系统层面的表现。最简单的情况是特定产业经济系统一分为二。在这种情况下，原有产业经济系统中的所有子系统与经济元被分割成两个部分，而处于不同部分的子系统间关系成为两个新产业之间的产业关联。信息产业也可以被部分地视作产业分化的产物，它部分地由所有其他产业中被现代信息通信技术改造后的信息处理经济元分化重组而形成。以 IBM 为代表的一些信息产业的大型企业，在信息技术革命前就已经在"办公设备行业"占据主导地位，并且当时 IBM 专注生产的办公设备产品——用于处理企业管理书面信息的穿孔卡片制表机就是大型计算机的前身。若立足于较低层次的企业经济系统考察，则产业组织变革在企业子系统边界和企业间关系的变迁中涌现，因此它又与企业经济系统在中介系统演进条件下为维系自身运作而产生的演化直接联系。

综上所述，在中介系统的视角下，产业组织变革不再是局限在产业经济系统单一层次上的突变式变革，而至少同时与国民经济系统和企业经济系统演进直接关联，并且是系统整体演进的一个方面，可以看作系统演进在产业经济系统中的一个投影。不仅如此，处于经济系统整体演进中的产业组织变革与其他各个层次经济系统的结构变迁一样，都受到中介系统演进的影响。

本章就试图借鉴主流产业组织理论的丰硕成果，构建内生中介系统的产业组织分析模型，期望在包含三大层次的扩展经济系统模型中探讨中介系统对产业组织变革产生的影响，尝试着为产业组织变革提供相对连续且具有一致性的经济学描述和理论解释。在着手建立新的产业组织分析模型之前，首先重新审

❶ 按因果关系为近邻的经济环境为因果小环境。在产业经济系统的因果泛权网络中，某一事件集有限步的前因和后果就构成它的因果小环境。在宏观粗控下，利用因果小环境有利于在产业经济系统中进行目标反索、限定评价和问题求解（昝廷全，2002）。

视主流产业组织理论并讨论其在解释新经济现实时所显示出的局限性。

## 5.2 主流产业组织研究范式及其局限

产业组织概念首先由马歇尔在《经济学原理》中提出，他将组织列为除萨伊生产三要素之外的第四大生产要素（马歇尔，1964）。而"产业组织"（Industrial Organization）这一经济术语则被广泛地用于指代这样一类经济理论，它们的主要研究对象是无法用完全竞争模型分析的市场。20世纪初，现代制造企业兴起后，产业组织理论作为一个全新的经济学研究领域逐渐发展起来。主流产业组织理论经历过两个主要的历史发展阶段。这两个历史阶段中发展起来的产业组织理论对应于主流产业组织理论的两个重要组成部分，它们分别是形成于20世纪30年代的传统产业组织理论（TIO）和形成于20世纪80年代的新产业组织理论（NIO）。然而从20世纪90年代开始，现代信息通信技术引发的信息革命催生了全新的信息产业，信息革命还广泛地扩散至其他经济部门。这场革命所引发的产业经济变革对主流产业组织分析范式和工具构成严峻挑战，新产业经济现象的分析迫切要求发展原有分析范式和工具以破除其局限性。本节将讨论主流产业组织理论的研究范式，并讨论该范式在分析信息产业和信息化产业时所表现出的局限性。

### 5.2.1 主流产业组织研究范式

主流产业组织理论研究的目标在于发展用于分析市场过程及其经济绩效的结果的工具。产业组织分析的兴起和发展围绕着解决"马歇尔冲突"展开。《经济学原理》详细地讨论了大规模生产和规模经济，并提出企业生产存在的规模经济性与主流微观经济学中的完全竞争存在矛盾，这一矛盾被后人称为"马歇尔冲突"。通常情况下，产业组织理论所讨论的市场都无法用一般均衡理论或者完全竞争模型来分析或描述。经济学家们将产业组织理论讨论的市场统称为不完全竞争市场。在这些市场上，少数企业拥有市场势力并控制市场供给。传统产业组织理论发展出产业组织分析的S-C-P范式，即结构—行为—绩效分析范式。其中结构指市场结构，通常用企业集中度来衡量，被认为是由特定产业中产品性质和生产技术决定的；行为则指企业的市场行为，包括价格和非价格行为，在该分析范式中由市场结构决定；绩效是市场的绩效，它的评估是通过将企业市场行为的结果与最优化期望或其他可行选择进行比较得到的。在创始人贝恩看来，SCP 范式根本要义在于强调市场结构是企业行为的决定因素；而在给定市场结构的条件下，企业行为又是市场绩效的决定因素（马丁，2003）。传统产业组织理论的 SCP 范式涉及的三大要素都以明晰界定的市场（或产业）和企业概念为基础。尽管传统产业组织理论曾经受到严厉的批判，但随着 SCP 范式与新古典经济学分析框架的一致性得到证明，和非合作博弈在企业行为和市场绩效研究中的广泛运用，该范式至今仍是主流产业组织理论的主要分析范式。

在当下的主流产业组织理论中，新产业组织理论运用非合作博弈对企业行为和与之相应的市场结构和市场绩效研究进行了严谨的讨论。非合作博弈是博弈论的一个分支，最早由诺贝尔经济学奖获得者约翰·纳什提出（Nash，1951）。这类博弈模型通常假设参与人各自独立行动，并且不存在相互协作或沟通，进而根据给定博弈规则和收益函数预测所有参与人可能选取的策略组合。该模型为工业经济时代同一产业中的企业行为互动提供了合适的分析工具，因而被广泛地应用于新产业组织理论。非合作博弈方法的引入更好地支撑了传统产业组织理论的 SCP 分析范式，与后者一同构成了当代主流产业组织理论的主要分析框架。

## 5.2.2　主流范式在网络产业和企业网络研究中的局限性

信息革命扩展至经济系统的大部分部门后，主流产业组织领域的学者们面对当下瞬息万变的经济现实，以卓越的洞察力对产业组织发生的变化进行了生动的描述，并在原有分析框架下对信息通信技术带来的产业变革进行了尽可能的解释。聚焦于这些工作的文献共同推动了产业组织理论的新发展。其中最具代表性的是网络产业研究和企业网络研究。这些新的产业组织研究方向已经捕捉到了与信息革命带来的中介系统演进息息相关的一些产业组织变革现象。然而，主流产业组织理论研究范式和博弈论方法在描述和解释这些产业组织变革时，也暴露出了一定的局限性。

### 5.2.2.1 网络产业研究

网络产业研究是信息革命后出现的产业组织分析新方向，这一方向的研究聚焦于对经济网络的讨论。网络产业的关键特征之一就是存在网络外部性。1985 年，Kats 和 Shapiro（1985）在《美国经济评论》上发表的《网络外部性，竞争和兼容性》（*Network externalities，competition，and compatibility*》）一文中正式提出网络外部性（network externalist）概念。这一新的产业组织理论分支后来被进一步发展和延拓为网络经济学。Economides 首次正式提出网络经济学定义，并详细论述了网络外部性的来源和它们对定价和市场结构的影响（1996）。他将网络外部性分为直接网络外部性和间接网络外部性。这一划分被网络产业研究领域的经济学家们所接受，并广泛运用于研究。此后，以色列经济学家奥伊·谢兹在其撰写的《网络产业经济学》一书中讨论了包括计算机硬件和软件、电信、广播和电视以及交通运输等产业在内的网络产业。该书主要运用非合作博弈这一新产业组织理论的主要分析工具，对这些网络产业中的各种企业行为进行了理论研究。这些文献为网络产业研究的发展提供了基本概念和分析模版。

网络产业研究文献详细描述了信息产业中普遍存在的网络外部性和与此相关的兼容问题。而正是由于网络外部性的存在，信息产业呈现出与传统产业完全不同的规律。Kats 和 Shapiro（1985）提出正的消费外部性概念，将其概述为"一个使用者由消费该商品取得的效用随着其他同时消费该商品的个体数量的增加而增加"。Economides（1996）将其发展为消费和生产的外部性，统称为网络外部性，并将上述条件进一步解释为"一单位该商品的价值随着预期将被卖出的复合产品总量的增加而增加"。他指出，网络外部性出现的关键原因是网络中各部件之间的互补性。根据 Kats、Shapiro（1985）和 Economides（1996）的论述，网络外部性由于网络类型的差异可以分为直接外部性和间接外部性。

如果将特定产业中的产品消费者分别看作网络中的结点，那么已经购买产品的用户之间将形成一些虚拟的经济网络。在电信行业中，已经购买电话的所有用户都成为电话用户虚拟网络的实际结点，而那些正在计划购买电话的用户都是潜在结点。用户网络之间都通过电话机使用的互补性而相互连接。这里的互补性是指，已经购买并安装电话机的用户在使用电话机产品时无法单独完成使用，只有存在另一个电话机用户，并且拨通该用户的电话号码时，才能以进行通话的方式使用电话机。这里，电话机用户形成的电话使用虚拟网络就是诸多经济网络中的一种，用户网络的形成原因在于产品使用的互补性。这一经济网络的形成和发展呈现出显著的直接网络外部性，它导致并强化了电话使用的"需求方规模经济"。所谓直接网络外部性是指，当某种产品的消费者对该产品的价值有着直接的影响，从而直接影响消费者从产品中获取的效用水平时，该产品市场就具备了直接网络外部性。直接网络外部性意味着，同一市场内消费者之间具有相互依赖性（喻国明 等，2009）。这一变革对应中介系统变革带来的资源整合效益的变化和资源整合主体的改变。

当下经济社会日益增加的经济网络远不止各种信息产品的用户网络，信息产品之间也存在网络。同样以电信产业为例。如果当下电话机和电话网络服务是由不同企业提供的两种不同的产品，则这两种产品之间存在严格互补性。如果没有接入电话网络，电话机不可能相互连接，而电话机用户也没有办法相互通话以获得完整的产品效用；反过来，电话网络如果缺少电话机作为客户端，电话用户也无法接入电话网络获得通信服务带来的产品效用。经由这种互补性，电话与电话网络形成产品网络，其中电话机可以看作网络的结点，电话网络可以抽象为接入电话网络的电话机之间的连接边。这个产品网络与前面提到的电话用户网络是相互镶嵌的，尽管它们可能在具体形态上具有一定的相似性，但反应的是不同的经济联系。产品用户网络呈现的网络外部性是直接网络外部性，而不同产品所形成的产品网络则呈现间接网络外部性。所谓间接网络外部性，是指某种产品的消费者数量对另一种产品的价值以及消费者效应可能不存在直接的影响，但却有间接的影响，这时的市场中就产生了间接网络外部性，这种间接网络外部性又被称为"硬件/软件范式"（喻国明 等，2009）。具体地说，电话产品网络中的间接网络外部性的存在根源在于电话机与电话网络服务作为两种不同产品相互联系的严格互补性，它导致两种产品形成产品竞争系统，所有产品供给者同时在两个产品市场上展开系统竞争。

这种系统竞争与生产的模块化相关。模块化生产导致产品生产分割成几种不同产品，分别在各自市场上展开竞争。电话产业刚兴起时只有一种产品，即通话服务，该服务由电话机终端、电话线路建设和电话接线服务共同提供。而随着产业的发展和市场规模的扩大，原有的电话产业分解为电话机设备生产和电话网络运营两大部分。由于产品之间的互补性，在产业分工深化的同时，新产生的细分产业之间也相应地具有了互补性，新的产业关联随着分工的细化而出现。

事实上，产生间接网络外部性的产品互补性在中介系统的视角下对应于广义资源空间上硬资源与软资源之间的严格互补性。因此，间接网络外部性可以通过广义资源空间上硬资源与软资源的资源整合关系得到内生地刻画和反映。

网络产业面临的网络外部性在现代信息通信技术出现后广泛存在于信息产业中。在这些产业中，产品的生产决策由于网络外部性的存在而区别于新古典经济市场上的生产决策，这使新产业出现许多与传统产业迥异的经济特征。网络产业组织分析的相关文献运用非合作博弈等分析工具，对这些存在直接网络外部性的产业进行了某些具体议题的讨论。大批研究者已经对网络产业可能面临的市场结构、网络产业中企业的竞争行为和相应的市场绩效进行了广泛的讨论。然而，由于对这些网络产业的研究大多都基于已经面临重重挑战的主流产业组织分析框架和分析方法，这些文献仍然具有无法内生网络外部性等局限性。特别地，直接网络外部性对主流产业组织研究的分析基础提出了挑战。它导致新古典经济学分析框架中关于生产者与消费者的明确两分处理无法用于信息产业的分析，因为在为消费者提供完整产品效用的意义上，产品生产过程中企业不再是唯一的生产者。当消费者与生产者的理论界限发生模糊时，新古典经济学的分散化决策处理就失去了合理的假设基础。所有这些挑战必须通过改善或重建产业组织分析框架和范式来解决，相应的局限性也只能在新分析框架构建的过程中得以消解。这正是本书进行的产业组织分析的目标之一。

需要说明的是，现代信息通信技术出现后的网络产业与信息革命之前的网络产业之间有一定的区别。前面提到过的电话产业就是典型的例子。电话的商用和电话产业的形成是在信息革命之前，当时的电话产业和其他电子信息产品一样，其设备和信息服务大多仍然存在同一产业中。在这些产业中，往往存在一些大企业同时生产电子设备和相应的信息服务。这一情况在信息革命之后发生改变，过去同属于一个产业的产品由于产品生产的可分解性被划分为不同的产品模块，这些产品模块最终演化为新的产品。与此相应地，新的细分产业出现，产业边界发生变化。这些变化实际发生于产业层面的上层，直接影响相应产业的产业组织。因产业分化这一产业结构变革现象引发的产业组织变革，实际上在信息革命之后广泛存在，并且这些变革本质上都与中介系统的发展有直接或间接的关联。

主流产业组织理论在分析类似变革时表现出的局限性，很大程度上来说是传统分析框架和范式忽视中介系统作用和中介系统演进造成的。因此，在内生中介系统演进的产业组织分析框架下进行产业组织分析，能够很好地解释信息通信技术商用后经济在产业层级上的这些新现象。同时，也能够说明这些新现象至少部分地受到中介系统演进给产业组织带来的影响。

所以，本章将在借鉴主流产业组织分析框架和范式的基础上，建构内生中介系统的产业组织分析模型，试图借助经济模型考察中介系统对产业组织变革的影响。事实上，这也是解决主流产业组织研究中存在的局限性的具体研究方法。并且只有在这样的分析中，对中介系统影响的考察才可能完整而严谨。

### 5.2.2.2 企业网络

企业网络通常与前文提及的企业纵向去一体化变革相联系。现代信息通信技术革命之后，不仅出现存在互补性的网络产业和与之相关的产业融合化发展趋势，而且还深刻地改变了新的信息产业和信息化产业的企业和产业组织。企业层面，钱德勒式的纵向一体化大企业被分解，企业呈现出纵向去一体化和专业化趋势，产业层面也相应出现企业网络和模块化生产网络这两种新的产业组织模式。

回顾信息革命后企业发展的历史，20 世纪 60 年代形成于美国、英国和德国等代表性国家的许多纵向一体化大企业集团都在 20 年后的融资并购浪潮中被分解了。Langlois 通过诸多统计证据和具体案例证明，纵向去一体化和专业化是 20 世纪 90 年代企业经济层面发生的主要变革。在全球范围内大量兴起的外包模式是这种变革的典型形式，曾受到《世界是平的》和《维基经济学》等经济管理类畅销书的狂热追捧。纵向去一体化和专业化的企业变革趋势，大多发生在前文提及的网络产业和纵向关联占据重要地位的其他产业当中，并与模块理论密切联系。随着产品生产标准的指定和实施，许多制造业都实现了模块化生产，最具代表性的就是前文提及的电子消费品产业、信息产业和汽车工业等。

在纵向去一体化趋势中，纵向一体化大企业解体为规模更小、更专业的企业。Langlois 和 Sturgeon 专注于这些新企业之间较之前更为紧密的经济联系，先后于 1995 年和 2002 年提出生产网络和模块化生产网络模型，用以描述这种经济联系。此后，企业网络在国内外经济学界一度成为研究热点。生产网络和模块化生产网络都是信息革命后新产业组织的具体表现形式。企业纵向去一体化和专业化与新产业组织模式的共同出现，印证了产业经济系统层次的结构是自企业经济系统层次活动通过涌现得到的。有些学者则把企业网络与企业边界理论相联系，认为交易成本理论能够解释企业网络产生后的企业边界问题（刘固 等，2011）。企业边界理论视角下的企业网络，是介于企业与市场之间的一种新资源配置模式。在这样的视角下解释企业网络边界的确定要求产业组织模型拥有与时俱进的企业理论，基于经济系统模型的类企业经济元理论就是这样一种企业理论的替代理论体系。由于产业组织和中介系统都是在企业或经济元概念的基础上定义的，因此它们都是企业概念的派生概念，都会随着企业边界的变动而改变。鉴于此，足以无异议地解释产业组织变革的产业组织分析框架必然包含发展后的企业理论。

### 5.2.2.3 主流产业组织研究范式受到挑战

由上面的分析可见，在解释新的经济实践的过程中，主流产业组织分析的 SCP 范式和博弈论方法受到了前所未有的严峻考验。不仅如此，整个主流产业组织分析框架也表现出对解释新产业组织问题的无力。存在两个方面的原因是：一方面，新的产业组织变革是一种超越产业经济系统层级的产业经济变革整体的一个维度，而主流产业组织分析框架却仅考察产业经济系统这个单一层次；另一方面，主流产业组织分析框架和分析范式忽略中介系统在产业经济系统中的底层支撑作用，无法完整解释本层次产业组织变革的直接原因，更无从考察高层次经济系统变革对产业组织演进的影响。

由于主流产业组织理论分析涉及经济系统层次的局限性，主流产业组织分析难以描述以网络产业为代表的产业中出现的企业纵向去一体化和企业间经济联系网络化等产业组织变革现象背后起作用的深层经济原因。许多产业经济学家已经指出，这些现象与产业边界漂移和相应的产业关联变革存在共生关系。产业边界和产业关联问题，均无法在相当于以企业为经济元构成的产业经济系统的主流产业组织分析框架中进行相对完整的讨论。

除此之外，尽管主流产业组织理论通过考察 SCP 范式中市场结构、企业行为和市场绩效这三大方面指标和它们之间的因果关系，描述了某一特定产业内部的经济组织，却并未将市场上和企业之间的物质、能量、信息沟通渠道纳入考察，而这些渠道构成的中介系统整体却是产品交换等经济行为赖以实现的基础。本书前几章的分析已经表明，中介系统广泛地存在于经济系统的各个层次之中。而无论是在特定经济系统内部还是在同层次的经济系统之间，中介系统都为经济的运作提供底层支撑。在特定时空中，中介系统呈现出的宏观特征就对应传统经济理论中的经济组织。特别地，给定某一时空，产业经济系统内部中介系统的状态与产业组织相互作用并相互强化；而随着时间的延展，中介系统与产业组织也将共同演进。若忽视中介系统的演进，信息通信技术革命之后，在产业边界漂移及产业关联变革作用下，产业组织所发生的种种新变革就无法得到连续而合理的解释；这些产业组织变革背后所蕴含的深层经济发展动力也将难以被揭示。

主流产业组织分析范式和工具局限于产业经济系统这一单一经济系统层次，并与其他大多数传统经济理论一样忽略中介系统在经济系统中的构造性元素地位，因此无法就信息通信技术革命后经济现实中出现的产业组织变革给出满足一致性的经济学解释。为此，需要构建一个新的产业组织分析模型，将国民经济系统和企业经济系统纳入模型，使在产业经济系统的更高层次和较低层次进行产业组织分析成为可能。同时，模型需要内生中介系统，即在模型中刻画各个层次上的中介系统和它们之间的关联，借助中介系统解释产业组织变革。

# 5.3 内生中介系统的三层次扩展经济系统模型

根据主流产业组织文献的描述，20 世纪 80 年代开始商用的现代信息通信技术带来了在市场结构、企业行为和市场绩效等方面的产业组织突变式演进。然而正如上节所描述的，主流产业组织分析范式和模型在信息革命之后受到空前挑战，并在描述和解释信息产业和信息化产业时表现出了局限性。这使我们有理由怀疑，信息革命后集中于信息产业和信息化产业中出现的产业组织变革是否真如大多数主流产业组织文献所解释的那样是一种突变。在经济系统模型里，从中介系统角度对信息革命以来的产业组织变革进行重新审视，或许能够找到答案。

在经济系统模型里，中介系统可以被看作技术革命、制度革命作用于产业经济系统以及产业组织的变革传导中介。新技术直接影响经济系统的中介系统，导致中介系统在规模和强度上得到突飞猛进式的集中演进。作为连接经济元之间资源交流渠道的整体，中介系统的演进具备动摇国家经济系统中各个产业子系统之间原有组织形式的可能性，此时产业边界将随之发生变化；与此同时，产业层面中介系统的演进使企业与市场之间的界限也发生变革，原有企业形式被新的经济现实改造，出现了新的企业形式和相应的企业关联。尽管主流产业组织对信息产业和信息化产业的相关研究在一定程度上描述和刻画了这些产业的现状，然而只有少数学者将这些结论与产业边界变化和企业边界变革联系起来，以共同解释信息革命之后产业组织出现的变革。因此，主流产业组织对新产业组织现象的考察由于无法内生地描述中介系统和它对产业边界、企业边界的影响而存在固有的局限性。

本节就将在主流产业组织分析框架、工具的基础上，运用前面讨论的中介系统与扩展经济系统模型，构建适合于信息革命背景下产业组织分析的经济系统模型。针对主流产业组织分析框架在研究信息产业和信息化产业时表现出的局限性，我们将试图构建一个多层次的产业组织分析模型，在其中进行与主流产业组织分析主要议题相对应的议题分析。

## 5.3.1　三层次扩展经济系统模型

在借鉴主流产业组织理论分析框架、范式和研究方法的基础上，本节将针对主流产业组织理论被用于产业组织变革现象研究时存在的几方面局限性，运用第4章中发展的内生中介系统的扩展经济系统模型，构建一个内生中介系统的三层次扩展经济系统模型。

昝廷全（2002）曾经详细讨论过经济系统的层次性和全息性，论证了经济系统在可以根据一定的分类准则划分为相互关联的不同层次，每个层次包含一定数量的经济子系统。根据组织水平的不同，所有经济系统和经济子系统可以划分为具有特定组织水平的几大类，分别对应于家庭、企业、产业、区域、国家和全球层次。

本章构建的经济系统模型包含上述经济系统的三个层次，分别是国家经济系统层次（国民经济系统）、产业经济系统层次和企业经济系统层次。各个层次上的经济系统都通过扩展经济系统模型 $(E_\theta, RS, \varphi_\theta)$ 来刻画和描述，一个完整的扩展经济系统模型包括经济系统 $E_\theta = (H_\theta, S_\theta)$、广义资源系统 $RS = (R, \{f \subset R^2 \times W_R\})$ 和资源位映射 $\varphi: H_\theta \to R$ 这三大基本元素。

首先，来看三层次扩展经济模型的经济系统 $E_\theta$。模型中所有三个层次的经济系统按照产业组织水平进行排序，从高到底分别是国家（国民）经济系统 $E$、产业经济系统 $E_i$ 和企业经济系统 $E_{ij}$。下面以产业组织变革问题所在的产业经济系统层次为例说明经济系统的具体形式。在产业层次上，经济原型中某个特定产业 i 就对应于一个产业经济系统 $E_i$，可形式化地表示为 $E_i = (H_i, S_i)$，这里 $i = 1, 2, \cdots, m$，$m$ 表示国家经济系统中产业子系统的总数量。产业经济系统 $E_i = (H_i, S_i)$ 的硬部 $H_i$ 由企业经济系统 $H_{ij}$ 和其他经济元 $h_{ij}$ 共同构成❶，其软部 $S_i$ 是所有 $H_{ij}$ 与 $h_{ij}$ 之间关系的集合，与产业组织理论中的"产业组织"相对应。尽管不同层次经济系统拥有自己独特的特征时空尺度和经济规律，但相邻层次经济系统之间通过硬部的局整关系相互联系。国家经济系统

---

❶　这里用企业经济系统硬部 $f^i$ 代表企业经济系统 $f$，是为了便于在动态考察产业组织变革时进行相邻层次经济系统软部之间的推导。若只进行单一的产业层次经济系统建模，则企业经济系统作为产业经济系统的子系统应当被看作一个黑箱，并用 $f^i$ 表示。

$E = (H, S)$ 由所有产业经济系统 $H_i$ 及它们之间的关系构成❶，即 $H = \{H_i \mid i = 1, 2, \cdots, m\}$，且 $H = \cup_{i=1}^{m} H_i$。因此，相对于产业经济系统而言，它是在组织水平维度上的更高层次经济系统。企业经济系统 $E_{ij} = (H_{ij}, S_{ij})$ 作为子系统，是构成产业经济系统硬部的主要元素，满足 $H_i = \{H_{ij} \mid j = 1, 2, \cdots, n\}$ 和 $H_i = \cup_{i=1}^{n} H_{ij}$。从经济系统组织水平的角度来说，企业经济系统相对于产业经济系统而言处于较低层次。

在三层次扩展经济系统模型中，尽管不同层次上的经济系统拥有不同的特征，但正如前面已经指出的，相邻的高层次经济系统包含低层次经济系统。这使高层次与低层次经济系统之间存在互动联系。昝廷全将高层次经济系统与低层次经济系统之间的联系概括为：低层次经济系统的状态和行为受到高层次经济系统的制约和支配，而高层次经济系统的功能则以低层次经济系统为载体得到体现（昝廷全，2002）。不同层次经济系统间的这种关联同样存在本节构建的三层次扩展经济系统模型当中。具体地说，产业经济系统的功能通过较低层次上企业经济系统体现，而产业经济系统的状态和行为同时还受到更高层次上国家（国民）经济系统的制约和支配。根据相邻层次经济系统之间存在的互动关联，"在研究某层次经济系统的动态机制时，就必须深入到比该经济系统第一层次的经济系统"，同时还"必须将其放在比它高一层次的经济系统中去考察"❷。这种分析模式完全适用于基于三层次扩展经济系统模型的产业组织变革分析。

三层次扩展经济系统模型中的广义资源系统 $RS = (R, \{f \subset R^2 \times W_R\})$ 与第 4 章中涉及的广义资源系统拥有同样的形式和结构，是对经济原型面对的资源环境与资源整合关系的刻画。其中 $R = \prod R_j (j = 1, 2, \cdots, n)$ 代表广义资源空间，根据广义资源的特征差异，它可以大致分为硬资源集 $R_H$ 和软资源集 $R_S = \{f_{R_S} \subset R_H \times W_{R_H}\}$，因此 $R$ 又可以表示为 $RS = (R_H, R_S)$。广义资源系统 $RS$ 中的 $\{f \subset R^2 \times W_R\}$ 是广义资源空间 $R$ 上的资源整合关系。系统资源

❶ 用产业经济系统硬部 $H_i = H$ 代表 $\prod H_i = H \times H \times \cdots \times H = H^n$ 也是为了便于进行高层次经济系统与低层次经济系统软部的相互推导。

❷ 昝廷全. 产业经济系统分析[M]. 北京:科学出版社,2002:35.

$SR = \{f_{SR} \subset R^2 \times W_R\}$ 是资源整合关系的一个重要子集，表示资源点之间的沟通渠道。正如第 1 章介绍中介系统时提到的，系统资源与中介系统分别表示广义资源系统和经济系统中的广义资源流通渠道，并通过第 4 章中提及的方式由资源位映射 $\varphi: H_\theta \to R$ 相互联系。从这个意义上来说，系统资源与中介系统是同一事物在资源系统和经济系统中的不同形式，是同质异形体。而正是通过系统资源这一广义资源空间中的渠道整体，中介系统得以与广义资源空间中的资源整合规律联系，并在经济系统通过整合和利用广义资源维系自身发展、实现自身演进的过程中扮演重要角色。

在整个三层次扩展经济系统模型中，广义资源系统对于整个经济系统模型而言是与特定时间相对应的相对稳定的整体。也就是说，在某个给定的时间点或者时间段中，模型所模拟的国家经济系统作为有机整体，处于一个包含相对稳定的广义资源结构和资源整合规律在内的资源环境之中。这种情况类似于传统微观经济理论中的"短期"概念。在短期内，企业技术水平并不会发生大的变动，即生产投入的资源种类和投入比例都是确定不变的。在本章的模型中，广义资源系统处于稳定状态所经历的时间段可能是产业结构相对稳定的时间段，如工业革命之前以农业为国家经济主导产业的漫长时期，又比如工业革命与信息革命之间工业制造业为国家经济主导产业的工业社会时期。广义资源系统在特定时间内所处的这种状态则是一种非平衡定态，即在国家宏观层面上保持着相对平衡且稳定，但这并不排除产业经济系统和企业经济系统层次上微观变化的可能。即使对于处于不同组织水平层次的经济子系统——产业经济系统 $E_i = (H_i, S_i)$ 和企业经济系统 $E_{ij} = (H_{ij}, S_{ij})$ 而言，广义资源空间的变化也是不同的，因为它们拥有不同层次的资源位。

如果在超过国家经济系统特征时间尺度的时间段中考察广义资源系统，则会观察到整个资源系统，或者更确切地说是国家经济系统资源位系统发生动态演化。工业革命和信息革命都是广义资源系统发生剧烈变革的历史时期。广义资源系统的动态演化广泛地体现在广义资源空间 $R = \prod R_j (j = 1, 2, \cdots, n)$、资源整合关系 $\{f \subset R^2 \times W_R\}$ 和主导资源位定律的改变中。以工业革命为例，18 世纪晚期爆发于英国的第一次工业革命，由蒸汽动力驱动的大规模生产机器改变了生产的过程。这期间，以瓦特蒸汽机技术为代表的燃煤蒸汽机技术被广泛应用于经济生产，广义资源空间的软资源得到极大地丰富和扩充，这些新技术软资源与煤炭的各种形式的整合使广义资源之间的资源整合关系也发生了变革，经济系统由封闭系统转向开放系统的进程大大加快。而在19世纪40年代出现的第二次工业革命中，蒸汽机技术扩散至交通运输部门，蒸汽机车与铁路迅速兴起；电力的普及和扩散则促成了电报和电话的发明。蒸汽和电力的扩散最终改变了运输方式和通信方式。这次工业革命为广义资源系统的变革式演进揭开了序幕。大量新技术的发明再次丰富了软资源集，与第一次工业革命不同的是，这一时期集中出现的运输和通信新技术由于提供了新型资源流通渠道方式，迅速推动系统资源取得在规模和强度方面的极大进步，资源整合关系集合在系统资源变革的催化下得到更大程度的扩张。广义资源系统的全方位变革式演进意味着经济系统资源环境发生了重大变迁。系统资源的变化直接反映在支撑经济系统的中介系统上，导致经济系统的系统化水平剧烈地广化和深化，也就是通常所说的全球化。经济系统进一步向开放系统的方向演进，这意味着经济系统为发展自身而需遵循的资源位定律不再限于简单的圈地模式，整合外部资源的效率在经济系统发展中日趋重要。

扩展经济系统的第三个元素是资源位映射 $\varphi: H_\theta \to R$，它确定了另外两大元素（经济系统 $E_\theta = (H_\theta, S_\theta)$ 和广义资源系统 $RS = (R, \{f \subset R^2 \times W_R\})$）之间的对应关系。资源位映射所刻画的本质上是，特定经济系统在进行经济活动时，所能够占有和利用的实际资源和经济系统的资源整合关系。资源位映射的定义域是经济系统的硬部。第2章曾经提到，确定经济系统硬部的模型表示是一个根据分类相对性准则对经济原型中的经济主体进行分类的过程，因而经济系统硬部在经济系统演进的过程中可能会随着经济原型中经济联系的变化而发生改变。所以资源位映射也会在扩展经济系统演进的过程中随着定义域的改变而发生变化。

与资源位映射相关的一个重要概念是经济系统资源位，它是经济系统在资源位映射下的像，类似于一般函数的值域。经济系统 $E$ 的资源位是首先是广义资源系统中的一个子系统，因此资源位不仅描述经济系统占有的广义资源的种类和数量，还涵盖了可被经济系统 $E$ 利用的资源整合关系。从这个意义上来说，资源位概念可以被看作微观经济理论中代表性企业生产函数、生产可能性边界（技术可能性边界）的推广表示。如果能够把握资源位映射 $\varphi$，就能够推导由广义资源系统变革可能引发的经济系统资源位结构和中介系统的变革，甚至可以进一步预测包括产业组织在内的经济系统结构的变革。第 4 章已经给出了由系统资源推导中介系统的具体步骤，还论述了系统资源变革对应的中介系统的变革，这些推导和论述都建立在确定资源位映射 $\varphi$ 的基础上。

## 5.3.2　三层次扩展经济系统模型的中介系统

每一个经济系统都是其构成部分通过相互作用联结而成的有机整体，所有相互作用都通过中介系统来实现。不同于部分的简单加和，经济系统整体由于联系各个系统构成部分的中介系统的存在而拥有了所有部件都不具有的整体性质。中介系统支撑起了经济系统整体的存在和发展，更是经济系统中整体大于部分的超可加效应的根本来源。

上一部分已经构建了一个三层次扩展经济系统模型，国家、产业和企业这三大层次中的每一个层次上都存在一定数量的经济系统，这些经济系统通过各层次中介系统相互联系并构成了更高层次上的经济系统。因此，在用于产业组织分析的三层次扩展经济系统模型中，每个经济系统都拥有自己的中介系统。以产业层次上的特定产业经济系统 $E_i = (H_i, S_i)$ 为例。企业层次上的企业经济系统 $H_{ij}$ 是 $E_i$ 的构成部件，满足 $\{H_{ij} | j = 1, 2, \cdots, n\} = H_i$。$H_{ij}$ 通过企业经济系统层次上对应于产业经济系统 $E_i$ 的中介系统 $MS_i = \{f_{Mi} \subset H_i^2 \times W\}$ 相互联系，形成更高层次的产业经济系统整体 $E_i$。同理，所有产业层次上的产业经济系统 $E_i$ 通过同层次中介系统 $MS = \{f_M \subset H^2 \times W\}$ 构成更高层次的国家经济系统整体 $E$。高层次中介系统 $MS = \{f_M \subset H^2 \times W\}$ 可以通过低层次中介系统 $MS_i = \{f_{Mi} \subset H_i^2 \times W\}$ 推导得到，推导的关键步骤在于将 $H_i$ 转化为一个黑箱（具体推导参考第 4 章的中介系统推导过程）。

中介系统 $MS_i$ 与经济系统软部 $S_i$ 拥有类似的形式，都可以表示为定义在经济系统硬部 $H_i$ 上的泛权场网。不同的是，经济系统软部 $S_i$ 包括定义在 $H_i$ 上的所有关系，而中介系统 $MS_i$ 则通常指具有全局性质（即与 $H_i$ 中大部分元素有关）的基础渠道网络的集合。因此，在同一经济系统里，中介系统的规模通常不会大于经济系统软部，并且中介系统中的所有关系都同时包含在经济系统软部里。也就是说，中介系统 $MS_i$ 必然包含于经济系统软部 $S_i$，记为 $MS_i \subseteq S_i$。并且中介系统序化经济系统软部，可以证明，中介系统 $MS_i$ 包含 $S_i$ 的最小生成树。

在本书后面章节将要涉及的产业组织变革问题中，产业组织指的就是特定产业经济系统 $E_i = (H_i, S_i)$ 的软部 $S_i$。鉴于产业中介系统 $MS_i$ 能够序化 $S_i$，在广义资源系统发生变化的背景下，产业组织 $S_i$ 的变革必然受到中介系统 $MS_i$ 的直接影响。要对这种影响进行相对合理的解释，不仅要深入低层次企业经济系统 $E_{ij}$ 进行相关考察，还需要立足高一层次的国家经济系统 $E$ 进行关联讨论。

# 6 中介系统的影响初探

内生中介系统的三层次扩展经济系统模型在第 5 章已经建立，本章将在该模型中具体地讨论中介系统对产业组织变革的影响。在这个新建立的模型中进行产业组织问题的讨论与主流产业组织研究不同，它意味着对信息产业组织变革的考察将广泛地涉及包括国民经济系统、产业经济系统和企业经济系统这三个层次，而在每一层次经济系统的内部与外部，中介系统都是经济活动中物质、信息、能量交流的渠道。

本章试图在三层次扩展经济系统模型中，利用前面章节对经济系统和中介系统的描述和刻画，重新审视经济理论当中涉及 "中介系统对产业组织变革的影响" 这一问题的观点和结论，对该主题进行初步的探索。整个章节分为两大部分：第一部分着重考察报酬递增问题，并初步讨论中介系统演进如何通过改变经济系统中存在的主导报酬递增机制，引发产业组织变革并影响产业组织变革的方向；第二部分对经典合作博弈模型的连通性相关假设进行述评，在此过程中，寻找连通性和报酬递增改变企业行为进而改变产业组织的博弈分析证据。

选取这两个方向对本章主题进行初步探索与本书坚持的经济系统视角相关。在经济系统视角下运用三层次扩展经济系统模型考察产业组织，不仅是对产业组织分析所涉经济系统层次的扩展。更重要的是，它意味着将中介系统与产业组织变革纳入整个国家经济系统整体发展的动态过程中进行考察。在这一视角下，与经济发展相关的报酬递增问题的一批经典结论都将为中介系统演进对产业组织变革产生的影响提供线索。与此同时，为了更具体地讨论本章主题，对产业组织变革过程中的企业行为进行分析将是必要且有益的。因此，本章还将对合作博弈中的连通性假设进行讨论，试图在此过程中为中介系统对于产业组织变革的影响提供具体的证据。

正如第 5 章中反复强调的，在三层次扩展经济系统模型里探索中介系统对产业组织变革的影响，相对于主流产业组织分析而言至少增加两大分析步骤，分别是在更高层次和较低层次经济系统中考察产业组织变革。从这两方面考察信息革命后的产业组织变革，能够观察到产业组织会同产业结构变化和企业边界模糊这两种处于不同层次的中介系统变革同时演进。通过高层次或低层次中介系统变革来探索产业组织产生变革的细微线索，有可能为产业组织变革提供一致的经济学解释。因此，在接下来涉及报酬递增和合作博弈这两大议题的讨论中，都将进行这两方面的考察。

# 6.1 中介系统通过报酬递增影响产业组织变革

## 6.1.1 已有经济理论中的报酬递增研究

无论是国民经济系统内中介系统变革引发的产业结构变化（如新产业产生、产业分立或者产业融合等），企业经济系统中介系统演进引发的产业组织变革（如企业纵向一体化和企业纵向分离），还是企业经济系统内中介系统变革导致的企业边界模糊（如产生企业网络组织等），都与某种形式的报酬递增机制相联系。

自亚当·斯密开始，马歇尔、扬格、舒尔茨等著名经济学家都曾经就报酬递增问题进行过讨论。

亚当·斯密在其著名的经济学著作《论国民财富的性质和原因的研究》（简称《国富论》）中提出劳动分工导致劳动生产力提高❶，最终达到社会富裕❷。他通过制针业和不同职业的划分这两个具体例子说明了分工产生的结果，并将分工带来的好处归因于三种情况，分别是工人劳动熟练程度的改进、

---

❶ ［英］斯密．国富论［M］．唐日松，等译．北京：华夏出版社，2005：7．该书第一篇第一章首句就提出"劳动生产力上最大的改进，以及在劳动生产力指向或应用的任何地方所体现的技能、熟练性和判断力的大部分，似乎都是分工的结果"。

❷ ［英］斯密．国富论［M］．唐日松，等译．北京：华夏出版社，2005：11．

时间的节约和机器的发明和应用❶。这几乎是对于生产过程中存在的报酬递增现象的最早描述。斯密在书中进一步考察了劳动分工这种报酬递增机制的起因，他认为劳动分工是人性中逐渐发展起来的交换倾向的必然结果（斯密，2005）。在这些论述的基础上，斯密提出了著名的"斯密定理"，其主要内容包括，分工的范围总是必然受到交换能力范围或者说市场范围的限制，而市场则又可通过运输条件（水运）得到拓展❷。扬格在评述经济理论对于报酬递增与经济进步的讨论时，充分肯定了"斯密定理"在探索报酬递增方面的重要贡献，甚至认为该定理"在全部经济学文献中是最富有阐述力并富有成果的基本原理之一"❸（扬格，1996）。"斯密定理"因此成为日后经济学研究者们讨论报酬递增问题时最常被引用的经典定律。

继斯密之后，马歇尔（1964）在其著名的《经济学原理》一书中也对处理报酬递增现象这一问题进行了研究。他详细论述了与工业生产相联系的大规模生产，并在现象描述的基础上提出了规模经济概念。马歇尔将规模经济划分为内部规模经济与外部规模经济两部分，前者存在于单个企业中允许企业扩大生产规模，后者则体现在产业作为整体的组织变迁之中。

1928 年，扬格在总结"斯密定理"的基础上进一步提出劳动分工产生报酬递增的两种情况，一是间接或迂回生产方法的增加，一是产业间的分工（扬格，1996）。他还将产业分化与 20 世纪 20 年代兴起的产业一体化进行比较，并提出"产业的分化现在和将来仍然是与生产增长相联系的典型的变化类型。"

斯密和扬格都将报酬递增与劳动分工联系在一起。杨小凯将他们的观点模型化，提出了内生专业化的新兴古典经济学分析模型，并在模型中刻画了分工经济，并内生了迂回生产、产业间分工等劳动分工现象（杨小凯，1993，1995）。

---

❶ [英]斯密. 国富论[M]. 唐日松,等译. 北京:华夏出版社,2005:8-11.

❷ [英]斯密. 国富论[M]. 唐日松,等译. 北京:华夏出版社,2005:16. 该书第一篇的第二章主要讨论"市场范围对分工的限制"。

❸ [美]扬格. 报酬递增与经济进步[J]. 贾根良译. 经济社会体制比较,1996(2):53. 该文译自扬格1928 年在英国科学促进协会经济科学与统计学分布主席的就职时所发表的就职演说。

## 6.1.2　报酬递增的一般形式

综合考察 6.1.1 节提及的劳动分工、规模经济及它们对产业组织的影响，不难发现，它们都是报酬递增的具体形式。而随着信息技术的广泛商业化应用，经济系统中出现了以模块化经济为代表的新报酬递增机制。基于这一点，本节试图就新资源环境下经济系统中存在的广义报酬递增机制的形式进行讨论。广义规模报酬递增机制与经济系统规模相联系（企业规模、产业或市场规模），而交易成本内部化或外部化产生的递增报酬与经济系统边界漂移（企业纵向一体化、纵向分离、企业网络组织）相联系。

工业时代制造业企业普遍存在的规模经济就可以解释为规模报酬递增，它是企业扩大规模和同质企业兼并的底层推动力。若将扩大规模后的企业 $F$ 看作原有企业 $F_0$，和后来被扩大和增加的企业部门 $\Delta F$ 这两部分共同构成的整体 $F_0 \oplus \Delta F$，则企业扩大规模后可能存在的规模经济可以理解为整体报酬 $v(F)$ 大于部分报酬之和 $v(F_0) + v(\Delta F)$，即 $v(F_0 \oplus \Delta F) > v(F_0) + v(\Delta F)$。

通过整合不同生产环节而形成的企业也体现出报酬递增效应，这种报酬递增效应是企业纵向一体化的经济驱动力。新制度经济学认为，企业能够产生这种效应源于企业用较低的管理成本替代了市场环节中存在的交易成本，即企业可以通过支付低于交易成本量的管理成本而将交易成本内部化。在这种情况下，原本需要通过市场交易相互联系并共同合作的几个生产环节，转而在同一企业内部通过内部协调和管理相联系。由于后者花费的交易成本较市场交易成本少，构成企业的各个生产环节 $p_1$，…，$p_n$ 各自通过市场联系所产生的报酬总和 $v(p_1) + \cdots + v(p_n)$ 必然小于企业报酬总和 $v(F) = v(p_1 \oplus \cdots \oplus P_n)$。

由上面的分析可知，经济系统中存在的报酬递增机制本质上是生产过程中存在的"整体大于部分之和"或者"一加一大于二"的情况。如果用数学模型对生产过程进行刻画，则报酬递增一般地与式 $v(\oplus_{i \in N} a_i) \geqslant \sum_{i \in N} v(a_i)$ 所表示的生产的超可加性相联系。据此，能够对以劳动分工和规模经济为代表的传统经济报酬递增机制进行合理延拓，运用拓展后的广义报酬递增概念解释中介系统对产业组织变革产生影响的过程。

### 6.1.3  报酬递增视角下中介系统对产业组织的影响

事实上，包括斯密在内的许多经济学家已经在经济理论研究中观察到物流运输渠道对报酬递增机制和产业组织变革的影响。

《国富论》一书在详细阐述"斯密定律"时就曾提出水运拓宽市场范围的论断，并花费较大篇幅对这一看法进行论述（斯密，2005）。这是关于中介系统影响劳动分工、报酬递增和经济发展的最早的论述。在斯密的时代，水运是较陆路运输更经济的物流方式，水运渠道—河流也是天然形成的中介系统。在斯密看来，水运是分工和地区经济发展的重要影响因素。河道沿岸地区由于便利的水运而被纳入更广阔的市场中，分工得以产生，经济得以发展。这也可以被看作早期中介系统支撑区域经济系统发展的案例。

他甚至将拥有不同自然河流网络的国家和地区进行分类和比较分析：由于拥有大量天然的形成网络的可航行河道，"不论是古代的埃及人、印度人还是中国人……似乎都从这种内陆航运中获得了巨大的财富"；而非洲、鞑靼、西伯利亚、巴伐利亚、奥地利和匈牙利则由于河流通航条件差、河流不成网络系统或流域不由本国控制等原因，却无法享受水运带来的经济发展。这一部分的分析与第1章提及的资源位第三定律相一致，后者指不同资源点之间存在拓扑连通性是资源整合的必要条件。

沿着物流渠道网络对经济发展影响的这个方向进行的经济学研究大多在经济地理这一交叉学科中展开，并已经获得了许多有益的结论。一些经济学家将经济地理的相关结论反过来应用于经济学分析，为考察中介系统对产业组织变革的影响提供更直接的证据。

## 6.2  合作博弈的中介系统连通性假设与发展探索

随着经济全球化的不断发展，全球大部分国家、地区、产业、企业乃至家庭都被巨大的经济网络连在一起。尤其是信息革命蔓延至经济领域之后，经济活动和经济行为效率都越来越依赖于经济主体之间的各种经济关系网络。新的经济现实使许多经济学家和社会学家都对经济网络和社会关系网络产生兴趣，同时吸引了大批学者讨论与经济网络紧密联系的网络协同、合作和分享现象。一些新的直接研究网络的研究方向开始兴起，如网络经济学、社会网络分析和经济社会学等；与此同时，以讨论联盟合作为主题的合作博弈理论研究也重新得到关注。

在上述背景下，本书从经济系统连通性的视角对合作博弈理论隐含的连通性假设做简单述评，以期为构建一种与主流经济理论相一致的经济网络分析理论提供参考。

正式讨论之前，先回顾一下经济系统和连通性概念。经济系统理论把经济社会看作一个大系统。与经济活动密切相关的物流网络、金融网络、信息网络等统称为经济系统的广义中介网络。在广义中介网络中，经济系统的各个经济元之间拥有与网络相应的经济连通性。如两个经济元在物流网络中相连通意味着他们之间可进行物质商品转移，即他们具有物质连通性。

## 6.2.1　合作博弈定义及其刻画

Harsanyi 于 1966 年明确提出的"合作博弈定义"影响广泛，被沿用至今。他定义，如果在一个博弈中，义务——协议、承诺、威胁——具有完全约束力并且是可强制执行的，则该博弈称为是合作的。如果义务不可强制执行，即使局中人之间在博弈前可以沟通，此博弈仍称为是非合作的。可以明显地看出，合作博弈从某种意义上来说是相对于非合作博弈定义的。

实际上，合作博弈的研究最早在博弈论开山之作《博弈论与经济行为》中已经由 von Neumann 和 Morgenstern（1944）进行过详细的讨论。在此基础上，Nash 详细讨论了非合作博弈（Nash，1951）。他认为《博弈论与经济行为》"研究了 $n$ 人合作博弈理论，该理论是基于对博弈各方不同串谋形式形成的分析而建立起来的"。而将其《非合作博弈》一文讨论的"理论建立在没有联盟的基础之上，也就是假定博弈各方独立行动，相互之间没有合作和交流"。

Nash 于 1953 年发表的文章《两人合作博弈》中对研究中的"合作"一词进行了解释："假设两个个体可以一起讨论面临的情况，并就一个理性的共同行动计划达成一致，也即达成一个假定具有强制性的协议。"这篇文章也提及合作博弈与非合作博弈的差异。他定义"如果参与人不能以任何方式进行沟通或合作，这样的博弈就称为非合作博弈"，并指出"从某种意义上说，它们正好与合作博弈相反"。

由此可见，合作博弈与非合作博弈的区分是自博弈论发展早期就存在的。诺贝尔经济学奖获得者 Aumann 在《博弈论手册》第一卷的序言中讨论了两者特征的差异，"非合作博弈集中考察个体的策略选择""合作博弈理论则处理集体的可行选择"。"因而非合作博弈理论密切关注定义博弈的详细过程和规则；而合作博弈一般已经从这些规则中抽象出来，只从更一般的描述中研究问题，只明确各种联盟能得到什么样的支付，而不考虑如何得到。""一个不太恰当的类比是"，两者"就像经济学、生物学和物理学中微观视角和宏观视角的关系"，并且"这两大研究途径之间有着十分密切的联系，他们相互补充相互加强"（Aumann et al，1992）。

本节主要讨论的合作博弈理论都采用联盟型博弈模型，并且都与策略型博弈密切关联。下面首先给出联盟型博弈和策略型博弈的定义。

**定义 6.1（联盟型博弈）** 一个联盟型博弈是一个有序数对 $(N, V)$。$N = \{1, 2, \cdots, n\}$ 代表局中人集合，$V: 2^N \rightarrow \mathbb{R}^N$ 是一个特征函数，将 N 的每个子集（称作联盟）$S \subseteq N$ 与一个或几个 $|N|$ 维实向量对应。

其中，$N = \{1, 2, \cdots, n\}$ 中的元素代表单个局中人；参与人集合 $N$ 的任意子集 $S \subseteq N$ 称作联盟。特征函数 $V$ 在可转移效用情况下是一个实值函数，$v(S) \in \mathbb{R}$ 此时表示联盟 $S$ 的所有成员合作时能够获得的总支付，通常在策略型博弈的效用函数 $u_i$ 的基础上通过推导得到。当不存在可转移效用时，特征函数 $V$ 将联盟 $S$ 与其效用可能性集 $V(S)$ 相联系，并要求 $V(S)$ 是包容的非空闭集，表示联盟 $S$ 可以获得的所有可能支付的集合。

**定义 6.2（策略型博弈）** 形式上，一个策略型（strategic-form）博弈就是任何一个具有如下形式的系统 $\Gamma$（Aumann et al，1992）：

$$\Gamma = (N, (C_i)_{i \in N}, (u_i)_{i \in N})$$

其中：$N$ 是一个非空集，代表局中人集合，对 $N$ 中的每一个 $i$，$C_i$ 是一个非空集，且 $u_i$ 是从 $\prod_{j \in N} C_j$ 到实数集 $\mathbb{R}$ 的一个函数。这里，$N$ 是这个博弈的局中人集。对每个局中人 $i$，$C_i$ 是可供局中人 $i$ 利用的策略（或纯策略）集。在策略

型博弈 $\Gamma$ 进行时，每个局中人 $i$ 都必须在集 $C_i$ 中选择一个策略。一个策略组合（strategy profile）就是 $N$ 中所有局中人可以选择的策略的一个组合。设 $C$ 是由所有可能的策略组合所组成的集，则 $C = \prod_{j \in N} C_j$。

对于 $C$ 中任一策略组合 $c = (c_j)_{j \in N}$，如果 $c$ 是局中人所执行的策略组合，那么 $u_i(c)$ 就表示此时局中人 $i$ 在这个博弈中将得到的期望效用支付。

**合作博弈的联盟假设**

在合作博弈中，博弈局中人集 $N$ 的任何一个非空子集 $S$ 都可能形成联盟（coalition）。一般地，当我们说一个局中人联盟的成员可以有效地谈判（negotiate effectively）时，我们的意思是，如果联盟成员的策略中存在一个可行的变化能使他们全部受益，那么他们将同意实际做出这样一个变化。除非它与联盟中某些成员与联盟外的其他局中人之间可能形成的协议相矛盾（迈尔森，2001）。

由合作博弈定义可知，合作博弈区别于非合作博弈的关键因素在于，合作博弈中存在可有效谈判的联盟。由于联盟的存在，合作博弈的局中人不仅可以采用个人策略，还拥有与其他联盟成员共同实施相关策略的能力。换句话说，在合作博弈中，联盟的成员相对于联盟外的其余局中人而言是相互合作的，而在联盟内部仍需就联盟收益分配进行竞争。本书将合作博弈局中人之间的这种多重策略互动模式称为合作竞争。

在合作博弈的研究文献中，联盟都是讨论的中心。Aumann 在比较合作博弈与非合作博弈特征差异时提出，合作博弈处理（联盟）集体的可行选择，其研究的主要内容是何种联盟会产生？联盟的得益如何分配（Aumann et al，1992）？事实上，合作博弈为了集中分析联盟合作，牺牲了非合作博弈中发展的对各种博弈细节的刻画，而将它们抽象为联盟特征函数。从这个意义上说，合作博弈相对于以策略型和扩展型博弈为出发点的非合作博弈有完全不同的分析视角。这种视角的差异类似于经济学理论中的宏观视角与微观视角的差异。

博弈论研究史上最早对联盟进行讨论和刻画的是 von Neumann 和 Morgenstern（1944）。他们在《博弈论与经济行为》中讨论了联盟分析所需的基础假设，并首先使用特征函数来刻画联盟。此后，合作博弈研究多以联盟型博弈为基础，由于联盟型博弈以特征函数最为关键，又常被学者称为特征函数型博弈。

在连通性视角下，博弈局中人的策略互动就是他们之间连通性质的直接反映。在合作博弈中，联盟成员间既合作又竞争的策略互动模式是博弈模型中相对较复杂的一种情况。

从这个角度来说，博弈论文献中已研究的博弈可根据局中人连通性属性的不同大致分为三大类：严格竞争博弈、非合作博弈和合作博弈。

严格竞争博弈即二人零和博弈，是连通性结构最为简单的博弈经济系统。严格竞争博弈的两个局中人拥有完全对立的支付函数，即 $u_i(c_i, c_j) = -u_j(c_i, c_j)$（高红伟 等，2009）。这一类博弈的研究为博弈论研究提供了分析的基本概念体系和分析思路。博弈论的早期结论都是关于严格竞争博弈提出的，著名的有泽梅罗定理、冯·诺依曼的最小最大定理等（Aumann，1987）。

非合作博弈对应局中人相互竞争但不存在联盟合作的情况，由于不必考虑结盟可能性对策略连通性的约束，这类博弈问题在这个意义上来说仍然比合作博弈简单。非合作博弈中对局中人策略竞争连通性的强调和讨论直接体现在局中人的支付函数形式上：$u_i = u_i(c_i, c_{-i})$，其中 $-i$ 表示 $N$ 中除去 $i$ 之外的所有局中人，$c_{-i}$ 则表示除 $i$ 之外所有局中人的策略组合。具体地说，非合作博弈的效用函数意味着局中人 $i$ 的效用不仅取决于 $i$ 自己的行动，也同其他所有局中人 $-i$ 的行为有联系。这也是所有博弈论问题的共同点。因此，非合作博弈实际上在不考虑联盟合作的情况下，为一般化的 $n$ 人博弈问题的探讨提供了恰当的模型起点。当博弈规则转化为二人零和博弈时，非合作博弈的效用函数与严格竞争博弈效用函数有同样的形式。

相对于严格竞争博弈和非合作博弈来说，合作博弈是对协议约束（必然存在合作结构）下博弈局中人得益进行聚焦的理论。联盟成员间的策略连通性同时具有合作与竞争的双重属性，在涉及的策略连通性方面比上述两种博弈问题都更复杂。合作博弈中出现的这种策略连通性的复杂性源自其经济系统结构上的复杂性，即出现了联盟这一介于局中人和博弈全局之间的中间结构。如果说严格竞争博弈和非合作博弈的分析主要集中于局中人个体分析的层面，那么合作博弈分析则在允许联盟结构存在的情况下将重心聚焦于联盟合作层面。

从经济系统的角度来看，这是系统层级的飞跃。

正是由于联盟的出现，使得合作博弈局中人在与其余所有局中人竞争的同时，还必须面对与哪些局中人合作的决策。从经济系统连通性的角度来看，站在联盟层次对合作进行分析，必须同时考虑所有局中人之间的竞争性策略连通和联盟成员间合作性策略连通。

由上述讨论不难发现，合作博弈较非合作博弈和严格竞争博弈而言拥有更复杂的经济系统层次结构，也相应地存在更复杂的局中人策略连通结构。正如之前所提到的，复杂的根源在于合作博弈的联盟层次和与之相应的合作与竞争并存的策略连通格局。因此，合作博弈研究无一例外地聚焦于联盟分析，为此牺牲了博弈中除支付空间外的所有博弈细节，无论是行动顺序、策略集还是信息集都被抽象掉了。这一处理恰与系统经济学的层级战略相契合（昝廷全，2005）。层级战略认为，在经济系统中考虑第 $N$ 层系统的问题，需要在第 $N+1$ 层系统进行分析。合作博弈研究则正是通过特征函数的推导完成了由第 $N$ 层到第 $N+1$ 层的自由度归并，具体推导过程后文将做简单介绍。最终，合作博弈运用特征函数对各种可能出现的联盟情况进行刻画，为联盟层次的博弈分析搭建了合适的平台。

事实上，为了保证合作博弈联盟层次的存在和稳定性，合作博弈研究还根据需要对博弈系统的其他连通性进行了合理假设。这些连通性假设的存在使得合作博弈理论更加丰富。

## 6.2.2　合作博弈常用的其他连通性假设条件

为了保证合作博弈联盟层次的存在和稳定性，合作博弈研究还根据需要对博弈系统的其他连通性进行了合理假设。这些连通性假设的存在使得合作博弈理论更加丰富。

### 6.2.2.1　相关策略

在联盟型合作博弈中描述联盟，需要寻找相应的数学结构来刻画联盟行动以及联盟行动带来的效用。为此，合作博弈需要在非合作博弈语言的基础上发展与联盟相关的假设。最直接和基础的假设就是博弈中联盟成员可通过采取相关策略进行合作。这意味着联盟内部成员之间存在合作策略连通性。

在从策略型博弈导出联盟式博弈的过程中，相关策略的描述是特征函数推导的基础。下面在具可转让支付的假设下给出相关策略的定义。

**定义 6.3（相关策略）** 形式上，给定任一策略型博弈 $\Gamma = (N, (C_i)_{i \in N}, (u_i)_{i \in N})$，某些局中人组成的集的一个基于纯策略的相关策略（correlated strategy）就是，这些局中人在 $\Gamma$ 中所能选择的所有纯策略组合集上的任何一个概率分布（迈尔森，2001）。也就是说，任给一个 $S \subseteq N$，$S$ 的一个相关策略是 $\Delta(C_S) = \{q: C_S \rightarrow \mathbb{R} \mid \sum_{c_S \in C_S} q(c_S) = 1, \text{且} q(c_S) \geq 0, \forall c_S \in C_S\}$ 中的任何一个概率分布，其中 $C_S = \prod_{i \in S} C_i$。

**定义 6.4（相关策略期望效用）** 给定所有局中人在 $\Delta(C_S)$ 中的任一相关策略 $\mu$，对于每个局中人 $i$，令 $U_i(\mu)$ 表示当 $\mu$ 在博弈 $\Gamma$ 中被执行时局中人 $i$ 所能得到的期望支付，则有

$$U_i(\mu) = \sum_{c \in C} \mu(c) u_i(c)$$

在相关策略假设的基础上，迈尔森（2001）认为，"至少有 3 种方法可以从 n-人策略型博弈中导出合作博弈的特征函数，分别导出 3 种特征函数表示：最小化最大表示（mini-max representation）、防御均衡表示（defensive-equilibrium representation）和理性威胁表示（rational-threats representation）"。实际上，所有这三种方法的应用，都需要首先明确相关策略和相关策略对应的局中人期望效用函数的定义和表示。

以特征函数的最小化最大表示为例。给定一个具有可转移效用的策略型博弈 $\Gamma = (N, (C_i)_{i \in N}, (u_i)_{i \in N})$，von Neumann 和 Morgenstern（1944）提出把特征函数定义为：

$$v(S) = \min_{\sigma_{N \setminus S} \in \Delta(C_{N \setminus S})} \max_{\sigma_S \in \Delta(C_S)} \sum_{i \in S} u_i(\sigma_S, \sigma_{N \setminus S})$$

这里的 $N \setminus S$ 表示 $N$ 中不在联盟 $S$ 内的所有局中人组成的集。

这个定义可以用一个特殊场景来解释。从上述策略型博弈中诱导联盟式合作博弈中，可能形成的联盟记为 $S$，所有不属于 $S$ 的局中人可能影响 $S$ 的最坏情况是他们组成对抗联盟，记为 $N \setminus S$。在这种情况下，就可将联盟博弈化归为一个两人零和博弈，其中 $S$ 和 $N \setminus S$ 分别作为独立局中人行动，每个局中人的

可选策略都是各自联盟成员的相关策略（$\sigma_S$ 或 $\sigma_{N\setminus S}$）。因此，当相关策略 $\sigma_S$ 和 $\sigma_{N\setminus S}$ 被独立执行时，令 $u_i(\sigma_S, \sigma_{N\setminus S})$ 为局中人 $i$ 在货币转让之前的期望效用，则

$$u_i(\sigma_S, \sigma_{N\setminus S}) = \sum_{c_S \in C_S} \sum_{c_{N\setminus S} \in C_{N\setminus S}} \sigma_S(c_S) \sigma_{N\setminus S}(c_{N\setminus S}) u_i(c_S, c_{N\setminus S})$$

由此可见，前述特征函数定义 $v(S)$ 是联盟 $S$ 的成员在对付互补联盟 $N\setminus S$ 的最佳攻击威胁时所能保证得到的最大效用支付和。如果 $v(S)$ 满足上述式子，就称 $v$ 为具有可转让效用的策略型博弈 $\varGamma$ 的联盟型最小化最大表示。

在上面的特征函数推导过程中，相关策略是推导的基本要素。

合作博弈允许联盟成员采取相关策略是针对局中人策略集做出的假定，因此在已经抛弃策略描述的联盟式博弈中不可能得到直接体现，而只能在由策略型博弈诱导的联盟型博弈特征函数的表达式中，通过局中人期望效用的计算间接地显现。

由于相关策略是将联盟中所有成员采用策略进行关联后得到的，其存在内生地在联盟内部搭建起了一种策略中介网络。这使得联盟全体成员具有全局策略连通性，并且这种连通性更接近于联盟全体成员的协调连通，这从相关策略的形式中也可以看出。

正如前面所提到的，联盟 $S$ 的一个相关策略就是 $\Delta(C_S) = \{q: C_S \to \mathbb{R} \mid \sum_{c_S \in C_S} q(c_S) = 1,\ \text{且}\ q(c_S) \geqslant 0,\ \forall c_S \in C_S\}$ 上的一个概率分布 $q: C_S \to \mathbb{R}$。将其与局中人的混合策略组合进行比较，对相关策略的理解会更为清晰，见表 6.1。一个混合策略组合是 $(p(c_i))_{i \in N}$，其中 $p(c_i) \in \Delta(C_i) = \{p: C_i \to \mathbb{R} \mid \sum_{c_i \in C_i} p(c_i) = 1,\ \text{且}\ p(c_i) \geqslant 0,\ \forall c_i \in C_i\}$。

相关策略是组合上的一个概率分布，先组合后取概率分布；混合策略则是每个成员策略的一个概率分布的组合，先取概率分布后组合。前者本质上是一个单独的概率分布，其定义域是 $n$ 元组构成的集合；后者则是 $n$ 个概率分布构成的 $n$ 元组，其中每个概率分布的定义域只是某个局中人的纯策略集 $C_i$。将原先的策略 $n$ 元组关联成一个整体的就是策略连通性。

**表 6.1　相关策略与混合策略组合的比较**

| 策略名称 | 基本形式 | | 涉及的概率分布及其定义域 | |
|---|---|---|---|---|
| 联盟 $S$ 的相关策略 | $q: C_S \to \mathbb{R}$ | 一个概率分布 | $q: C_S \to \mathbb{R}$ | $C_S = (c_1, \cdots, c_{\lvert S \rvert})$ |
| 混合策略组合 | $(p_1, \cdots, p_n)$ | 一个 $n$ 元组 | $p: C_i \to \mathbb{R}^n$ | $C_i = (c_{i1}, \cdots, c_{ik})$ |

因此，相关策略假设实际上意味着所有可形成联盟的成员之间都存在策略的协调连通性，以此强调联盟中存在具有约束力的协议。

## 6.2.2.2　可转让效用

在合作博弈联盟型框架中，研究者为了简洁描述博弈所处的特定底层社会或经济情况，常常同时采用可转让效用（Transferable Utility，TU）和附加支付（Side Payment，SP）这两个假设条件，以构建符合要求的效用理论。采用这种假设的联盟式合作博弈吸引了众多合作博弈研究者，这类博弈的研究也拥有了相对于其他合作博弈而言更为丰富的文献和正式结论，因而在合作博弈研究中占据重要地位。通常将同时运用 TU 和 SP 假设的合作博弈称作具有可转让效用的博弈（TU games）或者具附加支付或旁支付的博弈（games with side payment）；而将不采用这两个假设的合作博弈称作不具可转让效用博弈（games without transferable utility）或者不具附加支付（或旁支付）的博弈（games without side payment）。本节主要分析 TU 博弈，借此对 TU 和 SP 假设作简要述评。

前面已经给出 TU 博弈的定义，也曾讨论由策略型博弈诱导的 TU 博弈特征函数。由其特征函数形式 $v(S): 2^N \to \mathbb{R}$ 可知，TU 博弈仅用一个实数就概述了某个联盟的可得结果，即联盟可达到的总支付。为使该特征函数 $v(S)$ 有意义，TU 和 SP 缺一不可。

SP 简单指博弈除去规则内生的任何支付之外，允许进行附加支付。

TU 则在 SP 的基础上，假定存在一种无限可分且承载着效用的合意商品（一般等价物，如货币），作为联盟型博弈特征函数的测度单位，并且每一单位该种商品的转移都会带来转出者一单位效用的减少和接受者一单位效用的增加。因此，效用可通过该种商品的流通而在局中人之间无损失地转移。这一情况也被称作效用是"无条件转移（unrestrictedly transferable）"的。

需要注意的是，可转让效用这个术语并不意味着效用可以直接在两个局中人间转移。效用作为一个派生概念是附着于商品之上的，不可能直接转移，而只能通过商品的转移而改变相关局中人的效用水平。而这种效用水平一增一减的现象，可以形象地看作效用在发生转移，从效用减少的一方转移到了效用增加的另一方。

根据 von Neumann 和 Morgenstern（1944），一个具有 TU 和 SP 的联盟型合作博弈定义如下。

**定义 6.5（TU 博弈）** 二元组（$N$，$v$）是一个具可转移支付的联盟式合作博弈（a cooperative game in characteristic function form with transferable utilities），如果 $N$ 是一个有限的参与人集合，$V: 2^N \rightarrow \mathbb{R}$ 是一个特征函数，它将联盟可获得的最大收益 $v(S)$ 赋予每一个联盟 $S \subset N$ 且满足 $v(\emptyset) = 0$。

其中 $v(N)$ 表示博弈中所有参与人集体（大联盟）创造的总财富。而价值的分配就是一个支付向量 $x \in \mathbb{R}^n$，它满足 $\sum_{i \in N} x_i = v(N)$。

一般的 $n$ 人联盟型合作博弈在博弈情况的刻画问题上有极大的复杂性。为了最大程度地简化可能出现的联盟情况，研究者们希望通过假设得到联盟总得益的唯一测度，并将其作为特定联盟博弈的特征函数值。TU 和 SP 的同时使用能够充分达到这个效果。

如前面提到的，TU 与 SP 允许联盟总得益可在联盟成员内部任意分配。这令联盟可得的最大总支付作为一个实值量有意义且唯一，尽管略去了同一联盟中成员得益分配可能出现的差异。

然而达到方便联盟分析目的的同时，这些假设仍有着内在的特定局限性。有文献提出，SP 假设可能改变原有博弈的解（Kaneko et al, 2004），因为它的存在大大强化了联盟成员间的策略连通性，进而强化了某些联盟出现的可能性。von Neumann 和 Morgenstern（1944）在初次使用 SP 时就对于这种影响进行了详细描述。

TU 在 20 世纪 60 年代也被证明是相当严格的条件，因为它实际上要求联盟内所有成员对于货币的效用函数都是拟线性的，即博弈局中人的偏好必须采用基数效用函数表示。这一点可以从具有 TU 的策略博弈效用函数 $U_i(c_S) = u_i(c_S) + x$ 中看出来。

这在经济学理论术语中称为"拟线性效用加假设",该假设条件下意味着联系不同市场的收入效应不存在。因此,如果在市场博弈中采用 TU 假设,该博弈只能描述市场的局部均衡情况,无法同时讨论多个市场。这使得 TU 博弈无法完整描述大型经济的一般均衡情况。

鉴于 SP 和 TU 内在的这些局限性,Aumann 和 Peleg（1960）同时抛弃了 TU 和 SP,在 NTU 博弈基础上发展了联盟式博弈的概念体系和部分解概念（Luce et al,1957）。NTU 博弈此后被普遍应用于大型市场博弈分析。

在由博弈诱导的经济系统框架中,TU 和 SP 假设意味着在原有局中人得益空间基础上并上一个"货币—效用流通"空间。这是一个对应于局中人集的货币资源分布空间,而在这个空间里,每一对局中人的对应货币资源点之间都存在连通性。即存在一族作用 $g_{k_{ij}}: X^2 \rightarrow X^2$,对于任意选择的 $i$ 和 $j$ 属于联盟 $S$,满足 $g_{k_{ij}}(x_i, x_j) = ((x_i - k_{ij}), (x_j + k_{ij}))$,其中 $k$ 满足 $\sum_{i \in S} \sum_{j \in S} k_{ij} = 0$。

这样,我们就得到一个定义在联盟 $S$ 上的封闭但具有全局连通性的货币资源空间,空间中的货币总量守恒。于是联盟总效用必然有上确界,即该联盟所能得到的最高得益总量,可用于概述联盟的效用特征。

正是因为 SP 和 TU 的存在,可以推断联盟型合作博弈中隐含的效用连通性状况。也正是这种理想化的连通性假设,在与之相关的大量文献中达到有效描述某种现实经济状态（如市场博弈）的目的的同时,也充分证明连通性结构会对经济系统产生重要影响。

### 6.2.2.3 超可加性

基于联盟式合作博弈的研究还常常假设特征函数 $v$ 或 $V$ 拥有分别定义的超可加性。事实上 von Neumann 和 Morgenstern（1944）在讨论一般非零和博弈的特征函数时提到,他们提出的特征函数具有超可加性。这是关于特征函数可加性的最早论述。

接下来简要介绍在 TU 和 SP 条件下联盟式博弈特征函数的超可加性假设和来自连通性视角的可加性解读。首先给出特征函数的超可加性的定义。

**定义 6.6（特征函数的超可加性）** 给定联盟型博弈 $\Gamma = (N, v)$,当且仅当每一对属于 $N$ 的联盟 $S$ 和 $T$ 都满足命题"如果 $S \cap T = \varnothing$,则 $v(S \cup T) \geqslant v(S)$

$+v(T)$"，称特征函数 $v$ 是超可加的（super-additive），并称博弈 $(N, v)$ 是超可加博弈。

由定义可知，在超可加博弈中，不相交联盟间的合并必然增加他们的特征函数值。可以证明，如果 $v$ 是前面介绍过的策略型博弈的最大最小化表示，则 $v$ 一定是超可加的；其他表示则不一定。

还需要注意的是，对于任意一个联盟型博弈，都能通过"超可加覆盖"（迈尔森，2001）定义一个与之相应的超可加博弈。这令超可加性假设拥有了更广泛的应用空间。

正如前面所介绍的，超可加性意味着超可加博弈中任何不相交联盟进行联合行动的价值至少与他们各自行动的价值一样大。许多学者运用超可加性假设来达到大联盟 $N$ 最终形成的状态。Hart 和 Kruz（1983）对此写道："我们设社会作为一个整体是有效地运转的，并将其作为一个假定；我们要设法解决的问题是收益是如何在成员中分配的。带着这样的视角，联盟并非是为了成员获得他们的价值后离开博弈而形成的。相反，他们将留在博弈中作为一个联合体与其他所有局中人谈判。"这也可以视作是对合作博弈定义所强调的"存在具有约束力的协议"的一种诠释。

需要注意的是，Hart 和 Kruz（1983）将超可加性解释为假定社会运作是有效的。这种解释同经济系统框架中涉及的基于连通性的"有效"概念是一致的。连通性视角下，经济系统由硬部和软部两大部分组成，而连通性就是因软部而存在的。在 TU 和 SP 条件下的联盟型合作博弈，也可以被视作一个经济系统。其中局中人和联盟就是系统的经济元，属于硬部，而他们之间的各种联系都属于软部。在这个系统中，TU 和 SP 共同描述了经济元（局中人和联盟）效用空间上的连通性状况。在这种解释下，超可加性描述的实际上是经济系统得以维系的系统经济条件，即"整体大于部分之和"。而整体较部分之和多出的部分就是前面所说的软部，即提供各种连通性的部分，或者也可以说整体价值与部分价值之和的差值都是软部的贡献。

从这个意义上来说，具有 TU 和 SP 假设的联盟式超可加博弈与经济系统框架实际上是对类似经济状态的不同描绘。而在由这类博弈所诱导出的对应经济系统中，连通性存在的原因相对清晰，特定连通性带来的价值也能得到定量

的测度。图 6.1~图 6.3 大致描述了超可加性博弈可能形成的联盟 $S$、$T$ 和 $S \cup$
$T$ 与它们形成时的局中人合作连通性情况。

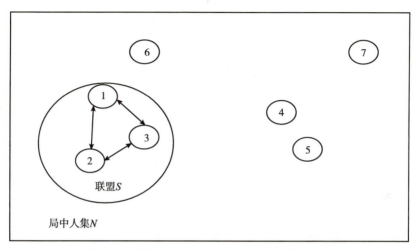

**图 6.1　联盟 $S$ 形成时局中人合作连通性示意图**

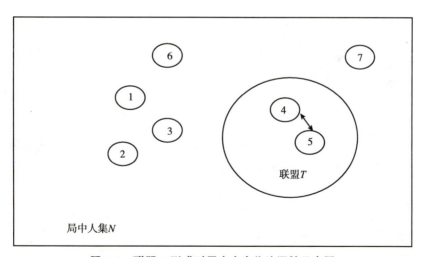

**图 6.2　联盟 $T$ 形成时局中人合作连通性示意图**

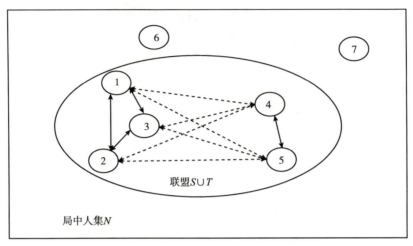

**图6.3　联盟 $S \cup T$ 形成时局中人合作连通性示意图**

如果将超可加性的判定表达式 $v(S \cap T) \geqslant v(S) + v(T)$ 进行改写，可得到不等式：

$$v(S \cap T) - v(S) - v(T) \geqslant 0$$

不等式左边部分的表达式 $v(S \cap T) - v(S) - v(T)$ 就可以作为连通性价值的度量，而这个超可加性判定式则意味着超可加博弈中连通性的价值必然非负。这显然与经济系统的维系条件相一致。因此，如果合作博弈模型中超可加性假设被解释为是对"社会是有效运作的"这一命题的形式化描述，那么这里的有效概念也与经济系统中的"系统经济效应"这一效率概念一致。将上面的分析与6.1节讨论的报酬递增机制相联系，则不难发现，报酬递增机制在合作博弈模型中也存在，具体表现为联盟价值的超可加性假设。

经过简单的评述，本节内容从经济系统连通性的角度对合作博弈中所涉及的几种连通性假设进行了讨论。其中，最重要的是联盟内部连通性假设。这一假设实际上是通过相关策略、TU 与 SP 以及超可加性等常用假设来保证的。在此基础上，本节找到一种与经济系统模型相一致的合作博弈，它们同时满足上面提到的所有假定。书中详细讨论了其中最典型的一类，即由策略博弈诱导的联盟型博弈。中介系统对产业组织影响的进一步探索有望在这一博弈模型中继续。

# 7 结 论

## 7.1 主要结论

### 7.1.1 构建基于中介系统的经济系统模型

为了在研究中介系统的同时更深入而全面地探索新经济，第1章根据复杂系统分析的一般框架构建了一个基于中介系统的经济系统模型。这个模型构建过程通过复杂系统分类的 $(f, \theta, D)$ 相对性准则把握了经济系统分类的相对性，通过黑箱化方法对所得类别进行宏观化处理得到生产主体与客体合一的经济分析主体——经济元，最终通过推导中介系统泛权场网构建起包括经济系统、广义资源系统和资源位映射三大元素的扩展经济系统模型。

### 7.1.2 可在扩展经济系统中刻画中介系统演进过程

本书构建的扩展经济系统模型为中介系统演进的刻画提供了合适的平台。每当新的通用目的技术用于经济生产时，广义资源系统的资源集合、资源整合关系和系统资源结构都会发生变革，并推动中介系统在规模和强度方面的演进。中介系统演进过程的描述和刻画，将为探索经济系统动态演进规律提供重要线索。

### 7.1.3 中介系统通过报酬递增机制影响产业组织变革

本书最后两章运用基于中介系统的多层级经济系统模型进行产业组织变革

分析，将产业组织变革研究纳入一个由中介系统支撑的多层次经济系统整体中来考察，将产业组织变革视作整体经济系统演进的一个组成部分。从这种全新的研究视角出发，重新审视产业组织变革和经济发展相关理论后，笔者提出了产业组织变革产生的一种可能性。即中介系统变革可能通过改变经济系统主导报酬递增机制而导致相应的产业组织变革。

## 7.2　不足与展望

由于时间和精力的限制，本书的研究尽管得出了一些有益的结论，但却仍然存在两个方面的不足。一方面，书中对中介系统的研究暂时停留在模型模拟和数理推演的理论阶段，其中部分关于中介系统与经济系统关系的假说尚未得到实证数据的证明。另一方面，书中仅仅就中介系统对产业组织变革的影响问题进行了初步的讨论，虽然在总结前人理论成果的基础上提出中介系统通过报酬递增机制影响产业变革的观点，并在合作博弈中发现了中介系统连通性和报酬递增的相关假设，但都只停留于对琐碎线索的分析，尚未将它们整合并通过模型分析加以验证。

这两方面的不足实际上为笔者今后的研究指明了方向。

针对第一方面的不足，运用统计分析等数理分析手段对现实经济系统中的中介系统进行实证研究，将为中介系统理论研究提供经验证据。

而沿着第2章的思路对产业组织变革进行合作博弈分析，有希望为"中介系统通过报酬递增影响产业组织"这一论断提供理论证据。

# 参考文献

[1] [以色列]奥伊·谢兹. 网络产业经济学[M]. 上海:上海财经大学出版社,2002.

[2] [美]冯·诺依曼,摩根斯顿. 博弈论与经济行为[M]. 王文玉,王宇 译. 北京:生活·读书·新知三联书店,2004.

[3] 高红伟,[俄]彼得罗相. 动态合作博弈[M]. 北京:科学出版社,2009.

[4] 黄建富. 产业融合:中国发展新经济的战略选择[J]. 南方经济,2001(7):67-69.

[5] [美]罗杰·B. 迈尔森. 博弈论:矛盾冲突分析[M]. 北京:中国经济出版社,2001.

[6] 李晓华. 产业组织的垂直解体与网络化[J]. 中国工业经济,2005(7):28-35.

[7] [英]斯密. 国富论[M]. 唐日松,等译. 北京:华夏出版社,2005.

[8] [英]扬格. 报酬递增与经济进步[J]. 贾根良译. 经济社会体制比较,1996(2):52-57.

[9] [美]华勒斯坦. 开放社会科学:重建社会科学报告书[M]. 北京:生活·读书·新知三联书店,1997.

[10] 刘固,徐赛男. 模块化对企业边界的影响[J]. 科技管理研究,2011(4):224,232-234.

[11] 罗斑. 希腊思想和科学精神的起源[M]. 桂林:广西师范大学出版社,2003.

[12] 陆伟刚. 传统产业组织理论的危机及实践含义:基于企业网络的视角[J]. 中国工业经济,2005(11):26-34.

[13] [美]马丁. 高级产业经济学[M]. 史东辉,等译. 上海:上海财经大学出版社,2003.

[14] [英]马歇尔. 经济学原理[M]. 朱志泰译. 北京:商务印书馆,1964.

[15] [美]派恩,吉尔摩. 体验经济[M]. 夏业良,鲁炜译. 北京:机械工业出版社,2002.

[16] [美]钱德勒,科塔达. 信息改变了美国[M]. 上海:上海远东出版社,2008.

[17] [英]斯密. 国民财富的性质和原因[M]. 郭大力,王亚南译. 北京:商务印书馆,2008.

[18] 汪子嵩,范明生,陈村富,等. 希腊哲学史:第3卷(上)[M]. 北京:人民出版社,2003.

[19] 杨小凯. 分工与经济组织———一种新兴古典微观经济学框架[M]. 北京:经济科学出版社,1993.

[20] 杨小凯. 经济学原理[M]. 北京:中国社会科学出版社,1998.

［21］［英］伊特韦尔，米尔盖特，纽曼，等．新帕尔格雷夫经济学大辞典［M］．北京：经济科学
出版社，1996.

［22］喻国明，丁汉青，支庭荣．传媒经济学教程［M］．北京：人民大学出版社，2009.

［23］昝廷全．系统经济学探索：概念与原理［J］．大自然探索，1991a(2)：38- 42.

［24］昝廷全．经济系统的泛权场网模型与运筹方法［J］．系统工程，1991b,9(5)：20-24.

［25］昝廷全．系统经济学的理论框架［J］．系统工程，1992,10(3)：13- 18.

［26］昝廷全．系统经济学的公理系统：三大基本原理［J］．管理世界，1997(2)：211,216.

［27］昝廷全．系统经济学的对象、内容与意义［J］．经济学动态，1996(10)：18- 22.

［28］昝廷全．资源位理论及其政策启示［J］．中国工业经济，2000(9)：19-22.

［29］昝廷全．经济学研究的三个基本层次：哲理、数理与技理［J］．数量经济技术经济研究，
2001(12)：11-13.

［30］昝廷全．产业经济系统与产业分类的$(f,\theta,D)$相对性准则［J］．郑州大学学报(哲学社
会科学版)，2002a,35(3)：76-80.

［31］昝廷全．产业经济系统研究［M］．北京：科学出版社，2002b.

［32］昝廷全．层级战略［J］．数量经济技术经济研究，2003(4)：105-108.

［33］昝廷全．资源位定律及其应用［J］．中国工业经济，2005(11)：74-80.

［34］昝廷全．论传播的分类及其拓扑模型［J］．中国传媒大学学报(自然科学版)，2006,13
(2)：7-10.

［35］昝廷全．主客体合一：一种新的经济学研究方法［EB/OL］．2006 - 12 - 14. http://
blog. sina. com. cn/s/blog_4b51faff0100069m. html.

［36］昝廷全．系统管理模式［CD］．北京：北京广播学院电子音像出版社，2005.

［37］昝廷全．论产业经济学研究方法的普适性［EB/OL］．2008 - 09 - 01. http://
blog. sina. com. cn/s/blog_4b51faff0100a7f5. html.

［38］昝廷全，吴学谋．复杂系统的泛系聚类方法［J］．应用数学和力学，1992,13(6)：
489-495.

［39］左孝凌，李为鉴，刘永才．离散数学［M］．上海：上海科学技术出版社，2006.

［40］［日］植草益．信息通讯业的产业融合［J］．中国工业经济，2001(1)：25-27.

［41］郑方，从纵向一体化到纵向分离［J］．中国工业经济，2010(11)：96-108.

［42］周振华．信息化进程中的产业融合研究［J］．经济学动态，2002(6)：58-62.

［43］AUMANN R J，PELEG B. von Neumann-Morgenstern solutions to cooperative games without
side-payments ［J］. Bulletin of the American Mathematical Society，1960(66)：173-179.

［44］AUMANN R J. Game theory［M］// EATWELL J，MILGATE M，NEW-MAN P. New Pal grave

Dictionary of Economics. London:Macmillan,1987,Ⅳ:460−482.

[45] [美]迈尔森. 博弈论[M]. 北京:中国经济出版社,2001.

[46] Aumann,R. J. and Hart S. ,eds. Handbook of Game Theory with Economic Applications,vol 1 [M]. New York:Elsevier Science Publishers,1992.

[47] Crafts N,Mills T C. TFP Growth in British and German Manufacturing,1950−96[J]. Cepr Discussion Papers,2001,115(505):649−670.

[48] Crafts N. Is Economic Growth Good For Us? [J]. World Economics,2003,4(3):35−49.

[49] Broadberry S,Crafts N. UK productivity performance from 1950 to 1979:a restatement of the Broadberry-Crafts view[J]. Economic History Review,2003,56(4):718−735.

[50] Harsanyi J C. A General Theory Of Rational Behavior. In Game Situations[J]. Econometrica, 1966,34(3):613−634.

[51] Jorgenson D W,Stiroh K J. U. S. Economic Growth at the Industry Level[J]. General Information,2000,90(2):161−167.

[52] Lipsey R G,Carlaw K,Bekar C. The Consequences of Changes in GPTs[C]//Elhanan Helpman eds. General Purpose Technologies & Economic Growth,Cambridge:MIT Press,1998, pp. 194−218.

[53] BRESNAHAN T,TRAJTENBERG M. General purpose technologies:'engines of growth'? [J]. Journal of Econometrics,Annals of Econometrics,1996,65:83−108.

[54] ECONOMIDES N. The Economics of Networks[J]. International Journal of Industrial Organization,1996,14:673−699.

[55] HART S,KRUZ M. Endogenous formation of coalitions [J]. Econometrica, 1983(51): 1047−1064.

[56] JOVANOVIC B,ROUSSEAU P. General purpose technologies[M]// AGHION P,DURLAUF S. Handbook of Economic Growth. Amsterdam:Elsevier B. V. ,2005:1181−1224.

[57] KATS M L,SHAPIRO C. Network externalities,competition,and compatibility[J]. The American Economic Review,1985,75(3):424−440.

[58] KANEKO M,WOODERS M H. Utility theories in cooperative games[M]//BARBER 81388638 HAMMOND P J,SEIDL C. Handbook of Utility Theory:Extensions. Boston:Kluwer Academic Publishers,2004:1064−1098.

[59] LANGLOIS R. The vanishing hand:the changing dynamics of industrial capitalism [J]. Industrial and Corporate Change,2003,12(2):351−385.

[60] LANGLOIS R,ROBERTON P. Firms,markets and economic change[M]. London:Routledge,1995.

［61］ LAMOREAUX N R,RAFF D M G,TEMIN P. Against Whig History［J］. Enterprise & Society,2004,6(3):376-387.

［62］ LUCE R D,RAIFFA H. Games and Decisions［M］. New York:Wiley,1957.

［63］ JORGENSON D,STIROH K. Raising the speed limit:U. S. economic growth in the information age［J］. Economic Activity,2000(1):125-211.

［64］ NASH J F. Non-cooperative games［J］. Annals of Mathematics,1950,54(2):286-295.

［65］ NASH J F. Non-cooperative games［J］. Annals of Mathematics,1951,54(2):286-295.

［66］ NASH J F. Two-person cooperative games［J］. Econometrica,1953,21(1):128-140.

［67］ NEVITT B,MCLUHAN M. Take today:the executive as dropout［M］. New York:Harcourt Brace Jovanovich,1972.

［68］ SCHWEITZER F,FAGIOLO G,SORNETTE D,et al. Economic Networks:The New Challenges ［J］. Science,2009,325:422-425.

［69］ SRAFFA P. The law of return under competitive conditions［J］. Economic Journal,1926,36 (144):535-550.

［70］ STURGEON T J. Modular Production Networks:A New American Model of Industrial Organization［J］. Industrial and Corporate Change,2002,11(3):451-496.

［71］ RAFF D M G,TEMIN P . Beyond markets and Hierarchies:Towards a New Synthesis of American Business History［J］. American History Review,2003,106:404-433.

［72］ Shy O. The Economics of Network Industries［M］. Cambridge:Cambridge University Press,2001.

［73］ VON NEUMANN J,MORGENSTERN O. Theory of games and Economic Behavior ［M］. Princeton:Princeton University Press NJ,1944.

［74］ WEBER R J. Games in Coalitional Form［M］// AUMANN R J. HART S. Handbook of Game Theory with Economic Application,1992(2):1285-1303.

［75］ ZAN T,WU X. A pan-systems clustering approach and hierarchical analysis of complex systems［J］. Kybernetes,1995,24(2):51-59.